The
VOCA⁺
BULARY

완전 개정판

4

The VOCA+BULARY 완전 개정판 ❹

지은이 넥서스영어교육연구소
펴낸이 임상진
펴낸곳 (주)넥서스

출판신고 1992년 4월 3일 제311-2002-2호 2-16
10880 경기도 파주시 지목로 5
Tel (02)330-5500 Fax (02)330-5555

ISBN 978-89-98454-37-1 54740
     978-89-98454-33-3 (SET)

www.nexusEDU.kr

The VOCA[PLUS] BULARY

완전 개정판

4

넥서스영어교육연구소 지음

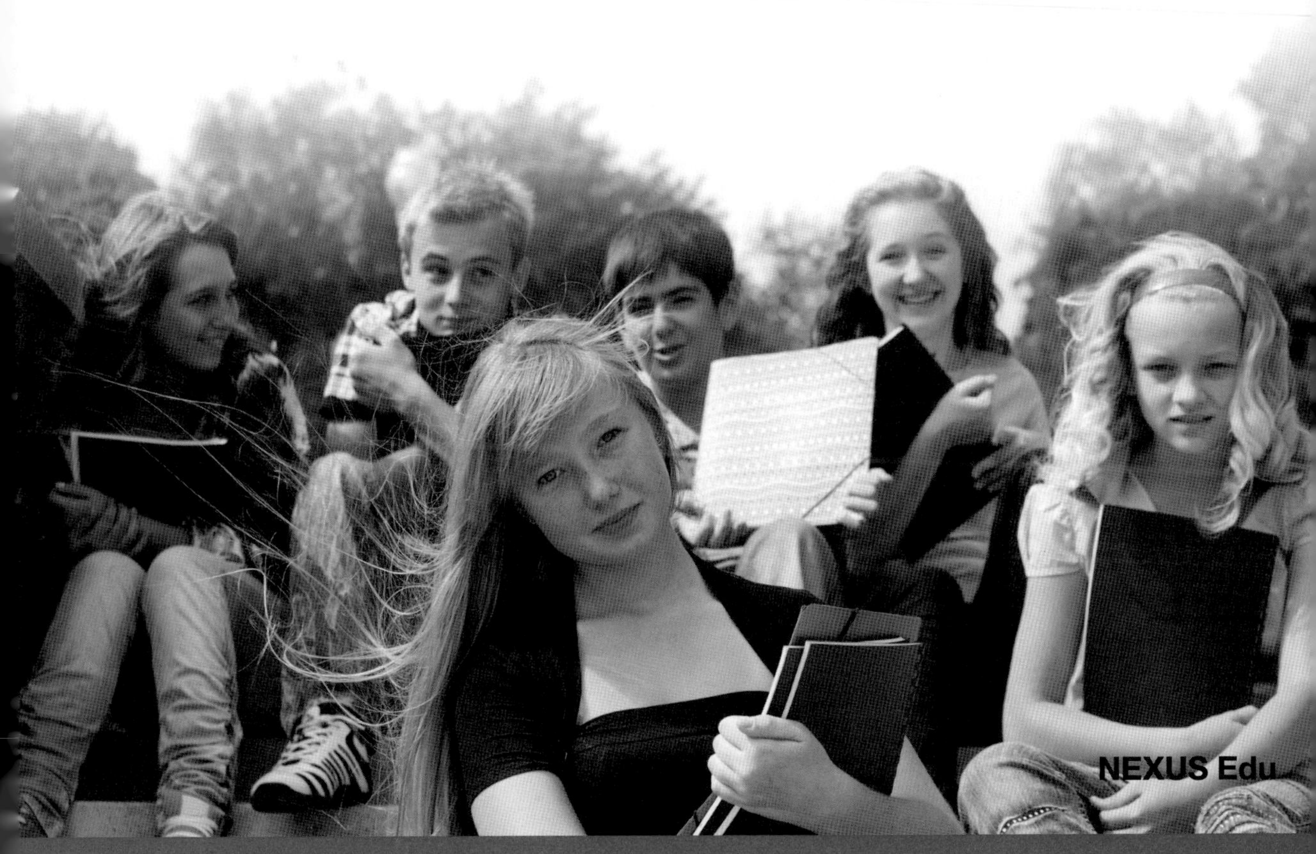

NEXUS Edu

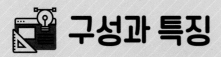

구성과 특징

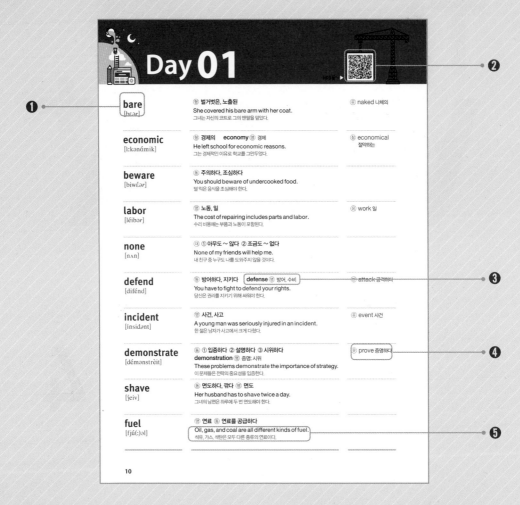

❶ 학년별로 꼭 알아야 하는 교육부 권장 표제어
Day마다 20개의 단어를 학습하며 30일 동안 완벽하게 끝내는 필수 어휘

❷ 생생한 단어 MP3 듣기용 QR 코드
내 폰으로 바로 스캔만 하면 원어민의 목소리가 귀에 쏙쏙 들어와 암기력 강화

❸ 문어발도 부럽지 않은 완전 확장 어휘
표제어와 함께 암기하는 명사, 동사, 형용사, 부사 등의 핵심 파생어까지 학습

❹ 학교 내신까지 확실하게 대비하는 유의어/반의어/참고 어휘
뜻이 비슷하거나 반대의 단어와 그 밖에 꼭 알아야 할 단어도 가뿐하게 암기

❺ 표제어 핵심 뜻을 문장에서 확인하는 실용 예문
표제어의 핵심 뜻을 적용한 예문을 제시하여 문장 속에서 어휘 쓰임 확인

일러두기

(명) 명사   (대) 대명사   (동) 동사   (형) 형용사   (부) 부사

(전) 전치사   (접) 접속사   (복) 복수형

(유) 유의어   (반) 반의어   (참) 참고 어휘

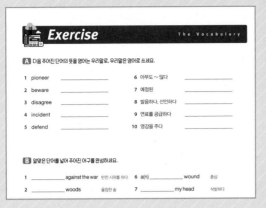

Exercise

Day별 학습이 끝나고 꼭 풀어야 할 1차 복습 확인 문제,
틀린 문제는 이 단계에서 바로 꼼꼼히 암기

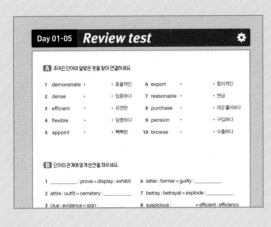

Review Test

Day 학습이 5개씩 끝날 때마다 만날 수 있는 총정리 문제,
내신 대비를 위한 확실한 마무리

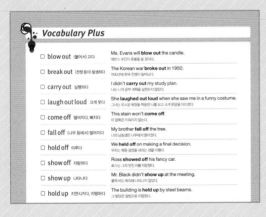

Vocabulary Plus

단어장 속의 단어장, 내신과 각종 영어 시험 대비를 위한
비법 어휘 60개

온라인 VOCA TEST

교재 학습이 끝났다면 이제 온라인으로 마지막 복습
책에 등장하지 않은 문제를 추가로 풀어보는 온라인 테스트
(www.nexusEDU.kr)

단어 MP3 듣기 파일

교재 QR 코드를 스캔하거나 홈페이지(www.nexusbook.com)에 접속해서 무료 다운로드

 목차

| Chapter 01

| Chapter 02

| **Chapter 03**

| **Chapter 04**

Chapter 05

Chapter 06

Chapter 01

Day 01 ~ Day 05

Day 01

MP3 듣기 ▶

bare
[bɛər]

(형) 벌거벗은, 노출된
She covered his bare arm with her coat.
그녀는 자신의 코트로 그의 맨팔을 덮었다.

(유) naked 나체의

---

economic
[ì:kənámik]

(형) 경제의　**economy** (명) 경제
He left school for economic reasons.
그는 경제적인 이유로 학교를 그만두었다.

(참) economical
절약하는

---

beware
[biwɛ́ər]

(동) 주의하다, 조심하다
You should beware of undercooked food.
덜 익은 음식을 조심해야 한다.

---

labor
[léibər]

(명) 노동, 일
The cost of repairing includes parts and labor.
수리 비용에는 부품과 노동이 포함된다.

(유) work 일

---

none
[nʌn]

(대) ① 아무도 ~ 않다 ② 조금도 ~ 없다
None of my friends will help me.
내 친구 중 누구도 나를 도와주지 않을 것이다.

---

defend
[difénd]

(동) 방어하다, 지키다　**defense** (명) 방어, 수비
You have to fight to defend your rights.
당신은 권리를 지키기 위해 싸워야 한다.

(반) attack 공격하다

---

incident
[ínsidənt]

(명) 사건, 사고
A young man was seriously injured in an incident.
한 젊은 남자가 사고에서 크게 다쳤다.

(유) event 사건

---

demonstrate
[démənstrèit]

(동) ① 입증하다 ② 설명하다 ③ 시위하다
demonstration (명) 증명; 시위
These problems demonstrate the importance of strategy.
이 문제들은 전략의 중요성을 입증한다.

(유) prove 증명하다

---

shave
[ʃeiv]

(동) 면도하다, 깎다 (명) 면도
Her husband has to shave twice a day.
그녀의 남편은 하루에 두 번 면도해야 한다.

---

fuel
[fjú(:)əl]

(명) 연료 (동) 연료를 공급하다
Oil, gas, and coal are all different kinds of fuel.
석유, 가스, 석탄은 모두 다른 종류의 연료이다.

---

appeal
[əpíːl]

몡 ① 간청 ② 호소 ③ 매력 동 ① 간청하다 ② 호소하다
The appeal for people to donate blood was successful.
사람들에게 헌혈하라는 호소는 성공적이었다.

윤 request 요청

due
[djuː]

혱 ① 예정된 ② 지불 기일이 된
What time is the next train due?
다음 기차는 언제로 예정되어 있나요?

exhibit
[igzíbit]

동 전시하다 몡 전시회
exhibition 몡 전시, 전람
They have exhibited many of my works at the gallery.
그들은 갤러리에 나의 많은 작품을 전시했다.

윤 display 전시하다

pursue
[pərsúː]

동 ① 추구하다 ② 추적하다　pursuit 몡 추구; 추격
The singer was tired of being pursued by journalists.
그 가수는 기자들이 뒤쫓는 데 질렸다.

윤 chase 뒤쫓다

bullet
[búlit]

몡 총알, 총탄
She was killed by an assassin's bullet.
그녀는 암살자의 총알에 사망했다.

참 shot 쏘다

disagree
[dìsəgríː]

동 동의하지 않다　disagreement 몡 불일치, 의견 차이
He should sell his car, but his wife disagrees.
그는 차를 팔아야 하지만 부인은 반대한다.

inspire
[inspáiər]

동 ① 영감을 주다 ② 고무하다, 격려하다
inspiration 몡 영감; 고무, 자극
Their courage has inspired all of us.
그들의 용기는 우리 모두에게 자극이 되었다.

윤 motivate
동기를 주다

pioneer
[pàiəníər]

몡 선구자, 개척자
The pioneers went west across North America.
개척자들은 북미를 가로질러 서쪽으로 갔다.

참 founder 창립자

dense
[dens]

혱 ① 밀집한, 빽빽한 ② 짙은
They were found in a dense jungle.
그들은 빽빽한 정글에서 발견되었다.

반 sparse
드문, 희박한

pronounce
[prənáuns]

동 ① 발음하다 ② 선언하다　pronunciation 몡 발음
The interviewer couldn't pronounce my name.
면접관은 내 이름을 발음하지 못했다.

윤 declare
선언하다

Exercise

A 주어진 단어의 뜻을 영어는 우리말로, 우리말은 영어로 쓰세요.

1 pioneer   _____

2 beware   _____

3 disagree   _____

4 incident   _____

5 defend   _____

6 아무도 ~ 않다   _____

7 예정된   _____

8 발음하다, 선언하다   _____

9 연료를 공급하다   _____

10 영감을 주다   _____

B 알맞은 단어를 넣어 주어진 어구를 완성하세요.

1 _____ against the war   반전 시위를 하다

2 _____ woods   울창한 숲

3 _____ happiness   행복을 추구하다

4 _____ growth   경제 성장

5 _____ paintings   그림을 전시하다

6 a(n) _____ wound   총상

7 _____ my head   삭발하다

8 _____ to the public   여론에 호소하다

9 physical _____   육체노동

10 _____ feet   맨발

C 알맞은 단어를 골라 문장을 완성하세요.

1 The baby is (dense / due) in two weeks.   출산 예정일은 2주 후이다.

2 (Beware / Bare) of the dog.   개를 조심하시오.

3 (None / Pioneer) of these ideas is creative.   이 아이디어 중에 어떤 것도 창의적이지 않다.

4 The army (pursued / defended) the country against the attacks.   군은 공격으로부터 나라를 지켰다.

5 The golf star (inspired / demonstrated) many children.   그 골프 스타는 많은 아이들에게 영감을 주었다.

정답 p.118 ➡

calculate
[kǽlkjulèit]

동 ① 계산하다 ② 추정하다　　calculation 명 계산; 추측
They are trying to calculate the total.
그들은 총 금액을 계산하려고 한다.

유 count 계산하다

---

maximum
[mǽksəməm]

명 최대, 최고　형 최대의, 최고의
He wants us to get maximum benefit.
그는 우리가 최대의 혜택을 받길 원한다.

반 minimum
최소, 최저

---

rare
[rɛər]

형 드문, 진귀한
It's rare for her to skip a class.
그녀가 수업을 빠지는 건 드문 일이다.

유 uncommon
드문

---

engineering
[èndʒəní(:)əriŋ]

명 공학
The bridge is a remarkable work of engineering.
그 다리는 주목할 만한 공학 작품이다.

---

nuclear
[njú:kliər]

형 ① 원자핵의 ② 핵무기의
The nuclear missile has a range of 500 miles.
그 핵미사일은 사정거리가 500마일이다.

---

flexible
[fléksəbl]

형 ① 유연한 ② 융통성 있는
Her schedule for the weekend is very flexible.
그녀의 주말 스케줄은 매우 탄력적이다.

---

tone
[toun]

명 ① 어조 ② 소리 ③ 색조
The professor's tone shows his attitude toward the issue.
교수님의 어조는 그 문제에 대한 그의 태도를 보여 준다.

---

innocent
[ínəsənt]

형 ① 순수한 ② 결백한　　innocence 명 순수; 결백
They say that you are innocent of the crime.
그들은 당신이 무죄라고 말한다.

반 guilty 죄를 범한

---

embassy
[émbəsi]

명 ① 대사관 ② 사절단
Soldiers guard the main doors of the embassy.
군인들은 대사관의 정문을 지킨다.

참 ambassador
대사

---

diverse
[daivə́:rs]

형 다양한, 가지각색의　　diversity 명 다양성
This is a very culturally diverse city.
이곳은 문화적으로 매우 다양한 도시이다.

유 various 다양한

explode
[iksplóud]

동 폭발하다, 터지다　explosion 명 폭발
Bombs were exploding all over the city.
폭탄이 도시 전체에 터지고 있었다.

유 burst
폭발하다

---

insurance
[inʃú(:)ərəns]

명 ① 보험 ② 보험금
Do you have insurance for the house yet?
아직 주택 보험이 없으세요?

---

steep
[sti:p]

형 가파른, 급격한
The stairs are very steep.
계단이 매우 가파르다.

참 gradual 완만한

---

narrative
[nǽrətiv]

명 이야기, 담화 형 이야기의　narration 명 서술, 이야기하기
Parents have questioned the accuracy of his narrative.
부모들은 그의 이야기의 정확성에 의문을 가졌다.

---

afterward
[ǽftərwərd]

부 뒤에, 나중에
He took a shower and afterward lay on the bed for a while. 그는 샤워를 한 후 잠시 침대에 누웠다.

---

property
[prápərti]

명 ① 재산, 자산 ② 부동산 ③ 특성
The old man owns a number of properties on the east coast. 그 노인은 동해안에 많은 부동산이 있다.

유 estate
재산, 사유지

---

discount
[diskáunt]

명 할인 동 할인하다
Customers can get huge discounts by booking in advance. 고객들은 미리 예약함으로써 많은 할인을 받을 수 있다.

---

efficient
[ifíʃənt]

형 ① 효율적인 ② 유능한　efficiency 명 효율, 능률
The new system is far more efficient than the old one.
새 시스템이 예전 것보다 훨씬 더 효율적이다.

유 effective
효과적인

---

outfit
[áutfìt]

명 ① 의상, 복장 ② 장비
She needs a new outfit for the wedding.
그녀는 결혼식에 대비해서 새 옷이 필요하다.

유 attire 의상, 옷

---

surgery
[sə́:rdʒəri]

명 수술
Doctor Ross will be in surgery all morning.
로스 선생님은 아침 내내 수술에 들어갈 것이다.

유 operation 수술

A 주어진 단어의 뜻을 영어는 우리말로, 우리말은 영어로 쓰세요.

1 engineering _____
2 diverse _____
3 explode _____
4 steep _____
5 afterward _____

6 의상, 복장, 장비 _____
7 이야기, 이야기의 _____
8 대사관, 사절단 _____
9 최대, 최고 _____
10 계산하다 _____

B 알맞은 단어를 넣어 주어진 어구를 완성하세요.

1 health _____   건강 보험
2 a(n) _____ schedule   유동적인 일정
3 a friendly _____   상냥한 어조
4 a(n) _____ child   순수한 아이
5 a(n) _____ rate   할인율

6 private _____   사유 재산
7 a(n) _____ worker   유능한 노동자
8 _____ fuel   핵연료
9 a(n) _____ disease   희귀 질병
10 recover from _____   수술에서 회복하다

C 알맞은 단어를 골라 문장을 완성하세요.

1 The TV program covers (rare / diverse) issues.   그 TV 프로그램은 다양한 문제들을 다룬다.

2 The bomb that (discounted / exploded) yesterday killed 20 people.   어제 폭발한 폭탄으로 인해서 20명이 사망했다.

3 The north side of the mountain is very (efficient / steep).   산의 북쪽 면은 매우 가파르다.

4 This room accommodates a (tone / maximum) of 10 people.   이 방은 최대 10명을 수용한다.

5 We learned to (calculate / discount) the area of a triangle.   우리는 삼각형의 넓이를 계산하는 법을 배웠다.

정답 p.118➡

Day 03

damp
[dæmp]

⟨형⟩ 축축한, 습기 있는
These socks still feel a bit damp.
이 양말은 아직도 좀 축축하다.

⟨유⟩ moist 촉촉한

---

screen
[skri:n]

⟨명⟩ ① 화면 ② 영화 ③ 칸막이
Don't sit too close to the screen.
화면에 너무 가까이 앉지 마세요.

---

gradual
[grǽdʒuəl]

⟨형⟩ ① 점진적인 ② (경사가) 완만한
There has been a gradual improvement in our sales.
우리의 판매가 점차 향상되었다.

⟨반⟩ sudden
갑작스러운

---

nevertheless
[nèvərðəlés]

⟨부⟩ 그럼에도 불구하고, 그렇지만
Nevertheless, accidents still occur.
그럼에도 불구하고 사고는 여전히 발생한다.

⟨유⟩ however
그렇지만

---

export
[ékspɔ:rt]

⟨동⟩ 수출하다 ⟨명⟩ 수출
The countries export oil to South Korea.
그 나라들은 한국에 석유를 수출한다.

⟨반⟩ import 수입하다

---

fee
[fi:]

⟨명⟩ ① 요금 ② 수수료
Her insurance covers the doctor's fee.
그녀의 보험은 의사 진찰료까지 포함한다.

⟨유⟩ rate 요금

---

otherwise
[ʌ́ðərwàiz]

⟨부⟩ ① 그렇지 않으면 ② 다른 방법으로
Something must be wrong. Otherwise, she would have called. 뭔가 잘못되었음이 틀림없다. 그렇지 않으면 그녀가 전화했을 것이다.

---

refer
[rifə́:r]

⟨동⟩ ① 언급하다 ② 조회하다 ③ 참조하다
reference ⟨명⟩ 참고; 언급
Please refer to our Web site to find out more information.
더 많은 정보를 원하시면 저희 웹 사이트를 참고하세요.

---

clue
[klu:]

⟨명⟩ 단서, 실마리
We have no clue to solve the mystery.
우리는 그 미스터리를 해결할 단서가 없다.

⟨유⟩ evidence 증거

---

plural
[plú(:)ərəl]

⟨형⟩ 복수의
The word "leaves" is a plural noun.
leaves라는 단어는 복수 명사이다.

⟨반⟩ singular 단수의

---

appoint
[əpɔ́int]

동 ① 임명하다, 지명하다 ② 정하다, 지정하다
appointment 명 임명; 약속
They are the company's newly appointed directors.
그들은 회사의 새로 임명된 이사들이다.

유 nominate
임명하다

---

preach
[priːtʃ]

동 ① 설교하다 ② 전하다, 전도하다
Have you ever heard that the priest preach?
그 신부님이 설교하는 거 들어 본 적 있으세요?

참 sermon 설교

---

straw
[strɔː]

명 ① 빨대 ② 짚, 지푸라기
The kid asked for a straw for her juice.
아이는 주스를 마시기 위해서 빨대를 달라고 했다.

---

cemetery
[sémitèri]

명 묘지, 무덤
Many of the soldiers are buried in a cemetery nearby.
많은 군인들이 근처 묘지에 묻혀 있다.

유 graveyard 묘지

---

alike
[əláik]

형 비슷한 부 똑같이, 마찬가지로
Not everyone thinks or acts alike.
모든 사람들이 똑같이 생각하고 행동하는 건 아니다.

유 similar 비슷한

---

divorce
[divɔ́ːrs]

명 이혼 동 이혼하다
Greg's parents divorced when he was 20.
그렉이 20살 때 부모님이 이혼했다.

---

drown
[draun]

동 물에 빠지다, 익사하다
She drowned in a boating accident.
그녀는 뱃놀이 사고로 익사했다.

참 soak 젖다, 잠기다

---

secondhand
[sékəndhænd]

형 ① 중고의 ② 간접적인
My father bought a secondhand car.
아버지는 중고차를 사셨다.

---

prey
[prei]

명 ① 먹이 ② 희생자
Young seals are easy prey for polar bears.
어린 물개는 북극곰의 쉬운 먹잇감이다.

---

suspicious
[səspíʃəs]

형 의심스러운, 수상한　suspicion 명 의심, 혐의
The detective was suspicious about her death.
형사는 그녀의 죽음이 의심스러웠다.

A 주어진 단어의 뜻을 영어는 우리말로, 우리말은 영어로 쓰세요.

1 damp _____

2 prey _____

3 clue _____

4 plural _____

5 divorce _____

6 의심스러운, 수상한 _____

7 그럼에도 불구하고 _____

8 비슷한 _____

9 물에 빠지다, 익사하다 _____

10 그렇지 않으면 _____

B 알맞은 단어를 넣어 주어진 어구를 완성하세요.

1 a(n) _____ decrease   점진적 감소

2 _____ to a dictionary   사전을 참고하다

3 an admission _____   입장료

4 a(n) _____ actor   영화배우

5 _____ a lawyer   변호사를 선임하다

6 goods for _____   수출품

7 grasp at _____   지푸라기라도 잡다

8 a national _____   국립묘지

9 a(n) _____ bookstore   중고책 서점

10 practice what you _____   언행을 일치시키다

C 알맞은 단어를 골라 문장을 완성하세요.

1 I had no (straw / clue) what he meant.   나는 그가 무슨 말을 하는지 도무지 알 수 없었다.

2 Their marriage ended in (fee / divorce).   그들의 결혼은 이혼으로 끝났다.

3 He and his father are (alike / gradual) in their characters.   그와 그의 아버지는 성격 면에서 비슷하다.

4 A (secondhand / suspicious) man was reported to police.   한 수상한 남자가 경찰에 신고되었다.

5 An eagle is hovering in the sky looking for (prey / cemetery).   한 마리의 독수리가 먹이를 찾아 하늘을 맴돌고 있다.

정답 p.118 ➡

Day 04

eager
[íːɡər]

⑱ 열렬한, 열심인
We are eager to get started.
우리는 시작하길 간절히 바라고 있다.

㊠ anxious
열망하는

---

headquarters
[hédkwɔ̀ːrtərz]

⑲ 본사, 본부
The new company headquarters will be built in Seoul.
새로운 회사 본사가 서울에 지어질 것이다.

---

passage
[pǽsidʒ]

⑲ ① 구절 ② 통과 ③ 통로
She read me a passage from her favorite book.
그녀는 그녀가 가장 좋아하는 책에서 한 구절을 내게 읽어 주었다.

㊠ course
진행, 진로

---

upward
[ʌ́pwərd]

⑴ 위쪽으로 ⑱ 올라가는
He is moving upward socially.
그는 사회적으로 신분이 상승되고 있다.

㊩ downward
아래쪽으로

---

organ
[ɔ́ːrɡən]

⑲ ① (인체 내의) 장기, 기관 ② (공식적인) 기관
Your eyes, ears, tongue and nose are your sense organs.
눈, 귀, 혀, 코는 감각 기관이다.

---

reasonable
[ríːzənəbl]

⑱ ① 합리적인 ② 이성적인
They offered a reasonable compromise.
그들은 합리적인 타협안을 제시했다.

㊠ sensible
합리적인

---

sew
[sou]

⑧ 바느질하다, 꿰매다
The girl sewed her own dress by hand.
소녀는 손으로 자신의 원피스를 꿰맸다.

㊠ stitch 꿰매다

---

desire
[dizáiər]

⑲ 욕망, 소원 ⑧ 바라다, 원하다
They don't really seem to desire change.
그들은 정말 변화를 바라는 것 같지는 않다.

㊠ wish 바라다

---

relate
[riléit]

⑧ ① 관련시키다 ② 이야기하다   relation ⑲ 관계, 관련
We offer courses that relate English literature to
philosophy. 우리는 영문학을 철학에 결부시키는 강좌들을 제공한다.

㊠ associate
관련시키다

---

continuous
[kəntínjuəs]

⑱ 지속적인, 끊임없는
Your computer makes a continuous buzzing noise.
네 컴퓨터는 계속해서 윙윙거리는 소리가 난다.

㊠ continual
계속적인

crime
[kraim]

몡 범죄, 범행　**criminal** 혱 범죄의 몡 범죄자
The crime rate in the city has risen.
도시의 범죄율이 상승했다.

윺 offense
위법 행위

---

purchase
[pə́:rtʃəs]

동 구입하다, 구매하다 몡 구매
She purchased a skirt for fifty dollars.
그녀는 50달러로 스커트를 하나 샀다.

반 sell 팔다

---

surround
[səráund]

동 둘러싸다, 에워싸다　**surrounding** 혱 주변의, 둘러싸는
A thick wall surrounds the old city.
두꺼운 벽이 오래된 도시를 둘러싸고 있다.

윺 enclose
에워싸다

---

sleeve
[sli:v]

몡 (옷의) 소매
You'd better roll your sleeves up.
소매를 좀 걷어 올리는 게 좋겠다.

---

convenience
[kənví:njəns]

몡 편리, 편의　**convenient** 혱 편리한
A pre-paid envelope is enclosed for your convenience.
편의를 위해서 지불 완료된 봉투가 동봉된다.

---

donate
[dóuneit]

동 기부하다　**donation** 몡 기부
Mr. Lewis decided to donate all his money.
루이스 씨는 그의 전 재산을 기부하기로 결정했다.

윺 contribute
기부하다

---

terrify
[térəfài]

동 겁주다, 위협하다
I was terrified by spiders.
나는 거미 때문에 겁을 먹었다.

윺 frighten
겁먹게 하다

---

priceless
[práislis]

혱 아주 귀중한, 값을 매길 수 없는
They have a priceless collection of antique.
그들은 아주 귀중한 골동품을 갖고 있다.

윺 valuable 귀중한

---

symptom
[símptəm]

몡 ① 증상 ② 징후
The symptoms of the flu may last several days.
독감의 증상들이 며칠 갈 수 있다.

윺 sign 징후, 조짐

---

approach
[əpróutʃ]

동 접근하다 몡 접근
We needed a fresh approach to sports in education.
우리는 교육에서 스포츠에 대한 신선한 접근이 필요했다.

윺 reach
~에 이르다

Exercise

A 다음 주어진 단어의 뜻을 영어는 우리말로, 우리말은 영어로 쓰세요.

1	headquarters _____	6	아주 귀중한	_____
2	sew _____	7	관련시키다	_____
3	approach _____	8	욕망, 소원	_____
4	terrify _____	9	장기, 기관	_____
5	surround _____	10	위쪽으로	_____

B 알맞은 단어를 넣어 주어진 어구를 완성하세요.

1	an underground _____	지하 통로	6	a(n) _____ store	편의점
2	a(n) _____ price	합리적인 가격	7	_____ blood	헌혈하다
3	a(n) _____ line of traffic	계속되는 차량 행렬	8	a tear in the _____	소매의 찢어진 곳
4	commit a(n) _____	범죄를 저지르다	9	a cold _____	감기 증상
5	a cash _____	현금 구매	10	_____ for success	성공을 열망하는

C 알맞은 단어를 골라 문장을 완성하세요.

1 The company's (crimes / headquarters) are in London.   그 회사의 본사는 런던에 있다.

2 Thank you for your (continuous / priceless) advice.   당신의 소중한 조언에 감사드립니다.

3 The troops (surrounded / purchased) the castle.   그 군대는 성을 둘러쌌다.

4 Many people (desire / relate) smoking to lung cancer.   많은 사람들이 흡연을 폐암과 결부시킨다.

5 The heart is one of the vital (organs / symptoms).   심장은 필수적인 장기 중 하나이다.

정답 p.118 ➡

Day 05

MP3 듣기 ▶

generate
[dʒénərèit]

동 발생시키다, 일으키다
They couldn't generate enough power for the entire city.
그들은 도시 전체가 쓸 만큼 충분한 전력을 발생시킬 수 없었다.

유 cause 야기하다

---

legal
[líːgəl]

형 법적인, 법률상의
She wished to seek legal advice before signing the contract. 그녀는 계약서에 서명하기 전에 법률적인 조언을 받길 원했다.

반 illegal 불법적인

---

range
[reindʒ]

명 범위, 영역
The manager will deal with a wide range of issues.
관리자는 광범위한 문제들을 처리할 것이다.

유 scope 범위, 영역

---

former
[fɔ́ːrmər]

형 ① (시간상으로) 전의, 과거의 ② (둘 중에서) 먼저의, 전자의
The coach is a former professional basketball player.
감독은 전직 프로 농구 선수였다.

반 latter 후자의

---

pension
[pénʃən]

명 연금, 생활 보조금
The retired people live on their pensions.
은퇴자들은 연금으로 살아간다.

---

series
[sí(ː)əriːz]

명 ① 일련, 연속 ② 시리즈, 총서
He was investigating a series of bank robberies.
그는 일련의 은행 강도 사건을 조사하고 있었다.

유 sequence
연속

---

thus
[ðʌs]

부 그러므로, 따라서
This plan will reduce waste, and thus cut costs.
이 계획은 쓰레기를 줄여서 비용을 줄일 것이다.

유 therefore
그러므로

---

format
[fɔ́ːrmæt]

명 ① 판형 ② 구성, 형식
The original format of the show has not changed.
쇼의 원래 형식은 바뀌지 않았다.

유 style 스타일, 양식

---

sincere
[sinsíər]

형 진지한, 솔직한
He made a sincere attempt to quit smoking.
그는 담배를 끊으려는 진지한 시도를 했다.

유 earnest 진지한

---

shrink
[ʃriŋk]

동 줄다, 감소하다 (shrink - shrunk - shrunk)
The sweater shrank when it was washed.
스웨터는 빨았을 때 줄어들었다.

유 decrease 줄다

---

contrast
[kántræst]

(동) 대조하다 (명) 대조, 대비
There's a marked contrast between her character and his.
그녀의 성격과 그의 성격 간에 뚜렷한 차이가 있다.

(유) compare
비교하다

duty
[djú:ti]

(명) ① 의무 ② 임무 ③ 세금
New employees were unable to carry out their duties.
신입 직원들은 그들의 임무를 수행할 수 없었다.

sting
[stiŋ]

(동) 찌르다, 쏘다 (sting - stung - stung) (명) 침, 가시
She got stung by a bee. 그녀는 벌에 쏘였다.

(참) hurt 다치게 하다

wire
[waiər]

(명) ① 철사 ② 전선
The bottles were bound together with thick wire.
병들은 두꺼운 철사로 묶여 있었다.

(유) cable 피복 전선

shore
[ʃɔːr]

(명) 바닷가, 강가, 해안
His family first came to these shores over 100 years ago.
그의 가족은 100년 전 처음 이 해안으로 왔다.

(유) coast 연안, 해안

browse
[brauz]

(동) ① 대강 훑어보다 ② (초식동물이) 풀을 뜯다 ③ 인터넷을 검색하다
These mobile phones can browse the Web.
이 휴대폰들은 인터넷 검색을 할 수 있다.

(유) skim
대충 읽어보다

utility
[ju:tíləti]

(명) ① 유용성 ② (수도 · 전기 · 가스 등의) 공익사업, 공공시설
(형) 다용도의   utilize (동) 활용하다, 이용하다
This chemical has no utility as an agricultural fertilizer.
이 화학 물질은 농업 비료로서 유용하지 않다.

drain
[drein]

(동) ① 배수하다 ② 유출하다 (명) ① 하수구 ② 배수
He was waiting for the bathtub to drain.
그는 욕조에 물이 빠질 때까지 기다리고 있었다.

betray
[bitréi]

(동) ① 누설하다, 폭로하다 ② 배신하다   betrayal (명) 밀고; 배신
She betrayed her country by supporting the enemy.
그녀는 적을 지원함으로써 자신의 국가를 배신했다.

(유) disclose
폭로하다

climax
[kláimæks]

(명) ① 최고조, 정점 ② (영화 · 연극 등의) 클라이맥스
climactic (형) 절정의
The movie reached its climax in the last scene.
그 영화는 마지막 장면에서 클라이맥스에 이르렀다.

(유) summit
정점, 절정

A 주어진 단어의 뜻을 영어는 우리말로, 우리말은 영어로 쓰세요.

1 range _____

2 thus _____

3 shrink _____

4 shore _____

5 format _____

6 일련, 연속 _____

7 대조하다 _____

8 찌르다, 쏘다 _____

9 배신하다 _____

10 최고조, 정점 _____

B 알맞은 단어를 넣어 주어진 어구를 완성하세요.

1 _____ electricity   전기를 생성하다

2 a(n) _____ system   법체계

3 bend a(n) _____   철사를 구부리다

4 _____ a magazine   잡지를 훑어보다

5 a(n) _____ apology   진지한 사과

6 military _____   병역 의무

7 depend on a(n) _____   연금에 의존하다

8 a(n) _____ bill   공공요금

9 _____ water from a pool   수영장 물을 빼다

10 a(n) _____ husband   전 남편

C 알맞은 단어를 골라 문장을 완성하세요.

1 The level of radiation is within the normal (duty / range).   방사능 수치는 정상 범위이다.

2 The fabric does not (shrink / browse).   그 원단은 줄어들지 않는다.

3 This program encodes music into MP3 (wire / format).   이 프로그램은 음악을 MP3 형식으로 인코딩한다.

4 Bees don't (drain / sting) unless you bother them.   벌은 건드리지 않으면 쏘지 않는다.

5 The athlete retired at the (climax / contrast) of his career.   그 운동선수는 최전성기에 은퇴했다.

정답 p.118 ➡

A 주어진 단어와 알맞은 뜻을 찾아 연결하세요.

1	demonstrate ·	· 효율적인	6	export ·	· 합리적인
2	dense ·	· 입증하다	7	reasonable ·	· 연금
3	efficient ·	· 유연한	8	purchase ·	· 대강 훑어보다
4	flexible ·	· 임명하다	9	pension ·	· 구입하다
5	appoint ·	· 빽빽한	10	browse ·	· 수출하다

B 단어의 관계에 맞게 빈칸을 채우세요.

1 _____ : prove = display : exhibit

2 attire : outfit = cemetery : _____

3 clue : evidence = sign : _____

4 purchase : sell = _____ : attack

5 maximum : _____ = sparse : dense

6 latter : former = guilty : _____

7 betray : betrayal = explode : _____

8 suspicious : _____ = efficient : efficiency

9 diversity : diverse = _____ : convenient

10 refer : reference = appoint : _____

C 알맞은 단어를 넣어 문장을 완성하세요.

1 We arrived there without _____.   우리는 그곳에 사고 없이 도착했다.

2 Sam left for Seoul shortly _____.   샘은 얼마 안 있어 곧 서울로 떠났다.

3 They made _____ improvements in programs.   그들은 프로그램을 점진적으로 개선시켰다.

4 The old man _____ to return to his country.   그 노인은 고국으로 돌아가기를 간절히 바란다.

5 The red color _____ with the green background. 붉은색은 초록색 배경과 대조된다.

정답 p.119➡

Vocabulary Plus

- ☐ **blow out** (불어서) 끄다
  Ms. Evans will **blow out** the candle.
  에반스 부인이 촛불을 끌 것이다.

- ☐ **break out** (전쟁 등이) 발생하다
  The Korean war **broke out** in 1950.
  1950년에 한국 전쟁이 일어났다.

- ☐ **carry out** 실행하다
  I didn't **carry out** my study plan.
  나는 나의 공부 계획을 실천하지 않았다.

- ☐ **laugh out loud** 크게 웃다
  She **laughed out loud** when she saw me in a funny costume.
  그녀는 우스운 복장을 착용한 나를 보고 크게 웃음을 터뜨렸다.

- ☐ **come off** 떨어지다, 빠지다
  This stain won't **come off**.
  이 얼룩은 지워지지 않는다.

- ☐ **fall off** (나무 등에서) 떨어지다
  My brother **fell off** the tree.
  나의 남동생은 나무에서 떨어졌다.

- ☐ **hold off** 미루다
  We **held off** on making a final decision.
  우리는 최종 결정을 내리는 것을 미뤘다.

- ☐ **show off** 자랑하다
  Ross **showed off** his fancy car.
  로스는 그의 멋진 차를 자랑했다.

- ☐ **show up** 나타나다
  Mr. Black didn't **show up** at the meeting.
  블랙 씨는 회의에 나타나지 않았다.

- ☐ **hold up** 지연시키다, 지탱하다
  The building is **held up** by steel beams.
  그 빌딩은 철빔으로 지탱된다.

Check-up Test

1 Liam _____ _____ his duties.
리엄은 그의 의무를 실행했다.

2 My father will _____ _____ on buying a new car until next year.
아버지는 새 차를 구입하는 것을 내년까지 미룰 것이다.

3 Amy _____ _____ her new sunglasses.
에이미는 새 선글라스를 자랑했다.

4 What's _____ _____ the traffic?
무엇 때문에 교통이 지연되고 있나요?

5 The Black Death _____ _____ in 1300s.
흑사병은 1300년대에 발생했다.

정답 p.119 ➡

Chapter 02

Day 06
~
Day 10

Day 06

MP3 듣기 ▶

handkerchief
[hǽŋkərtʃi(:)f]

⑲ 손수건
The gentleman took out his handkerchief and blew his nose. 그 신사는 손수건을 꺼내 코를 풀었다.

---

ultimate
[ʌ́ltəmət]

⑲ ① 최종의, 궁극적인 ② 최고의　　ultimately ⑲ 마침내, 결국
My boss will make the ultimate decision about my business trip. 상사가 나의 출장에 대해 최종 결정을 내릴 것이다.

⑯ final 최종의

---

scold
[skould]

⑧ 꾸짖다, 혼내다
She never scolded me unfairly.
그녀는 결코 부당하게 나를 혼내지 않았다.

⑳ punish 벌을 주다

---

rank
[ræŋk]

⑲ ① 지위, 계급 ② 줄, 열 ⑧ (등급·순위를) 평가하다
He had reached the rank of general.
그는 장군의 위치에 이르렀다.

⑯ grade 등급

---

raw
[rɔː]

⑲ ① 날것의 ② 가공되지 않은
The chicken is still raw.
닭고기는 아직 날것이다.

⑯ crude
천연 그대로의

---

thorn
[θɔːrn]

⑲ 가시
The plants have thorns on their branches.
그 식물은 가지에 가시가 있다.

---

visible
[vízəbl]

⑲ 눈에 보이는
The building is visible from the road.
그 건물은 도로에서 보인다.

⑯ invisible
눈에 보이지 않는

---

infect
[infékt]

⑧ ① 감염시키다 ② 오염시키다　　infection ⑲ 감염; 오염
Dozens of people have been infected.
수십 명의 사람들이 감염되었다.

⑯ contaminate
오염시키다

---

whereas
[hwɛərǽz]

⑳ ~임에 비하여
Her hair has a natural wave whereas mine's just straight.
그녀의 머리는 자연스러운 웨이브가 있는 반면 내 머리는 그냥 직모이다.

⑯ while ~에 반하여

---

arrange
[əréindʒ]

⑧ ① 준비하다 ② 정리하다, 배열하다
arrangement ⑲ 준비; 협의; 배치
My assistant arranged a meeting with him.
비서가 그와의 회의를 잡았다.

⑯ organize
정리하다

---

fake
[feik]

형 가짜의 명 복제품, 모조품 동 ① 위조하다 ② ~인 척하다
The man was caught using a fake passport.
그 남자는 위조 여권을 이용하다가 적발되었다.

유 counterfeit
위조의

---

expose
[ikspóuz]

동 노출하다, 보이다　exposure 명 노출, 폭로
They know the dangers of exposing their skin to the sun.
그들은 햇빛에 피부를 노출시키는 것의 위험성을 안다.

유 reveal 드러내다

---

strike
[straik]

동 ① 치다, 때리다 ② 공격하다 ③ 파업하다 (strike - struck - struck)
명 ① 타격 ② 파업
Neil's house was struck by lightning.
닐의 집이 번개를 맞았다.

유 beat 치다

---

wound
[wu:nd]

명 상처, 부상
Amy suffered serious wounds to her back.
에이미는 등의 심한 부상으로 괴로워했다.

유 injury 상해, 부상

---

restore
[ristɔ́:r]

동 ① 회복하다 ② 복원하다 ③ 반환하다
There is a possibility that her sight can be restored.
그녀의 시력이 회복될 가능성이 있다.

유 recover
회복하다

---

gamble
[gǽmbl]

동 ① 도박하다 ② ~을 걸고 모험을 하다 명 ① 도박 ② 모험
Some of them have been drinking and gambling heavily.
그들 중 일부는 심하게 술을 마시고 도박을 했다.

---

thoughtful
[θɔ́:tfəl]

형 사려 깊은, 신중한
That's very thoughtful of you.
정말 사려 깊군요.

유 considerate
사려 깊은

---

dump
[dʌmp]

동 버리다 명 쓰레기 더미
She dumped the coffee down the drain.
그녀는 하수구에 커피를 버렸다.

유 throw away
버리다

---

literate
[lítərət]

형 읽고 쓸 줄 아는　literature 명 문학
Mr. Lee is literate in both English and Chinese.
이 씨는 영어와 중국어를 모두 읽고 쓸 안다.

반 illiterate 문맹의

---

gossip
[gásəp]

명 ① 소문, 험담, 가십 동 험담을 하다
Eric has been spreading gossip about his coworkers.
에릭은 동료들에 관한 소문을 퍼뜨리고 있었다.

A 주어진 단어의 뜻을 영어는 우리말로, 우리말은 영어로 쓰세요.

1 handkerchief _____   6 준비하다 _____

2 scold _____   7 노출하다 _____

3 thorn _____   8 도박하다 _____

4 visible _____   9 읽고 쓸 줄 아는 _____

5 whereas _____   10 사려 깊은, 신중한 _____

B 알맞은 단어를 넣어 주어진 어구를 완성하세요.

1 _____ trash   쓰레기를 버리다   6 a first _____   선제공격

2 high _____   고위층   7 _____ a painting   그림을 복원하다

3 _____ meat   날고기   8 a(n) _____ goal   궁극적인 목표

4 _____ AIDS   에이즈를 감염시키다   9 a fatal _____   치명상

5 _____ leather   가짜(인공) 가죽   10 a(n) _____ column   가십난

C 알맞은 단어를 골라 문장을 완성하세요.

1 The little girl was (dumped / scolded) by her parents.   그 어린 소녀는 부모님께 꾸중을 들었다.

2 He (arranged / restored) the books on the bookshelf.   그는 책장 위에 있는 책을 정리했다.

3 Venus is (visible / ultimate) to naked eyes.   금성은 육안으로 보인다.

4 Your skin could burn when (infected / exposed) to UV rays.   피부가 자외선에 노출되면 탈 수도 있다.

5 How (literate / thoughtful) of you to remember my birthday!   내 생일을 기억해 주다니 정말 사려 깊으시네요!

정답 p.119 ➡

Day 07

MP3 듣기 ▶

patrol
[pətróul]

명 ① 순찰 ② 순찰대 동 순찰하다
The goods were discovered during a routine patrol.
상품들은 정례 순찰 동안 발견되었다.

---

mass
[mæs]

명 ① 덩어리 ② 다수 형 ① 대량의 ② 대중적인
The vegetables had turned into a sticky mass.
야채들은 끈적끈적한 덩어리로 변했다.

---

unite
[ju:náit]

동 ① 통합하다, 결합하다 ② 단결하다
Party members united in support of their candidate.
정당원들은 그들의 후보자를 지지하기 위해 단결했다.

유 join 결합하다

---

feast
[fi:st]

명 축제, 향연
The wedding feast will be held at the Hamilton Hotel.
결혼식 피로연은 해밀턴 호텔에서 열릴 것이다.

유 festival 축제

---

senior
[sí:njər]

형 연상인, 손위인 명 연장자, 손윗사람
His girlfriend is senior to him.
그의 여자 친구는 그보다 연상이다.

반 junior 연하의

---

receipt
[risí:t]

명 영수증 　 receive 동 받다, 접수하다
Please be sure to get a receipt.
꼭 영수증을 챙겨 주세요.

---

aggressive
[əgrésiv]

형 ① 공격적인 ② 적극적인
The company began an aggressive campaign.
회사는 공격적인 캠페인을 시작했다.

유 offensive
공격적인

---

physics
[fíziks]

명 물리학
She studied chemistry and physics at college.
그녀는 대학에서 화학과 물리학을 공부했다.

---

annual
[ǽnjuəl]

형 연간의, 해마다의
The average annual rainfall in this region is 800 mm.
이 지역의 연평균 강우량은 800밀리미터이다.

유 yearly 매년의

---

arrest
[ərést]

동 체포하다 명 체포
The man was arrested for possession of illegal drugs.
그 남자는 불법 마약 소지로 체포되었다.

유 seize 체포하다

external
[ikstə́:rnəl]

ⓗ 외부의, 외면적인
You shouldn't judge people by their external appearances.
사람들의 외모만 보고 판단해서는 안 된다.

(반) internal 내부의

---

struggle
[strʌ́gl]

ⓥ 분투하다, 노력하다 ⓝ 투쟁, 분투
He struggled a bit at first.
그는 처음에 좀 분투했다.

(유) conflict 투쟁

---

youth
[ju:θ]

ⓝ ① 젊음, 청춘 ② 어린 시절
She was a fairly good pianist in her youth.
그녀는 젊었을 때 상당히 뛰어난 피아니스트였다.

---

rake
[reik]

ⓝ 갈퀴 ⓥ 긁어모으다
Some workers raked leaves in the park.
몇몇 인부들이 공원에서 나뭇잎들을 긁어모았다.

---

ideal
[aidí(:)əl]

ⓗ 이상적인 ⓝ 이상
This is an ideal place for a holiday.
이곳은 휴가를 보내기에 이상적인 장소이다.

(참) real 현실의

---

sprain
[sprein]

ⓥ (관절 부분을) 접지르다, 삐다
My younger brother sprained his ankle playing soccer.
남동생은 축구를 하다가 발목을 삐었다.

(유) twist 삐다

---

ease
[i:z]

ⓝ ① 편안함 ② 쉬움 ⓥ ① 안심시키다 ② 완화하다
These pills will ease the pain.
이 약이 통증을 완화시킬 것이다.

(유) relieve 안도하게 하다

---

slogan
[slóugən]

ⓝ 구호, 슬로건, 표어
Our company announced its new advertising slogan.
우리 회사가 새로운 광고 표어를 발표했다.

(유) motto 표어

---

tragic
[trǽdʒik]

ⓗ 비극적인
It's simply tragic that they lost all the games.
그들이 모든 경기에서 졌다는 것은 그저 비극적이다.

(반) comic 희극적인

---

spit
[spit]

ⓥ (침을) 뱉다 (spit – spat – spat)
Danny leaned against the wall and spat on the ground.
대니는 벽에 기대어 땅에 침을 뱉었다.

A 주어진 단어의 뜻을 영어는 우리말로, 우리말은 영어로 쓰세요.

1 slogan _____
2 external _____
3 spit _____
4 physics _____
5 receipt _____

6 이상적인 _____
7 통합하다, 결합하다 _____
8 축제, 향연 _____
9 접지르다, 삐다 _____
10 갈퀴 _____

B 알맞은 단어를 넣어 주어진 어구를 완성하세요.

1 _____ media   대중 매체
2 _____ citizens   노인들
3 _____ behavior   공격적인 행동
4 a(n) _____ event   연례행사
5 get _____   체포되다

6 a(n) _____ car   순찰차
7 a(n) _____ for survival   생존 경쟁
8 _____ the tension   긴장을 완화하다
9 _____ unemployment   청년 실업
10 a(n) _____ accident   비극적인 사고

C 알맞은 단어를 골라 문장을 완성하세요.

1 Don't (patrol / spit) on the sidewalk.   보도에 침을 뱉지 마세요.
2 This medicine is for (external / senior) use only.   이 약은 (피부에 바르거나 붙이는) 외용약이다.
3 Please show your (feast / receipt) when you ask for a refund.   환불을 요청할 때에는 영수증을 제시해 주세요.
4 We must (rake / unite) to fight against our enemy.   우리는 적과 싸우기 위해 뭉쳐야 한다.
5 He is a(n) (ideal / tragic) candidate for the position.   그는 그 자리에 이상적인 후보이다.

정답 p.119 ⇒

Day 08

MP3 듣기 ▶

---

necessity
[nəsésəti]

몡 ① 필요성 ② 필수품　**necessary** 혱 필수적인
Is there any necessity to reply to his letter?
그의 편지에 답장할 필요가 있나요?

㊀ requirement
필요조건

---

guilty
[gílti]

혱 유죄의
You shouldn't feel guilty all the time.
당신은 항상 죄책감을 느낄 필요는 없다.

㊉ innocent 결백한

---

paragraph
[pǽrəgræf]

몡 절, 단락, 문단
Please refer to paragraph 2 on page 10.
10페이지의 두 번째 단락을 참고하세요.

㊂ sentence 문장

---

beyond
[bijánd]

젠 ① (장소) ～의 너머에 ② (시간) ～을 지나서 ③ ～을 능가하는
The library is beyond the bridge.
도서관은 다리 너머에 있다.

---

pupil
[pjú:pəl]

몡 ① 학생 ② 동공
The school has over 1,000 pupils.
그 학교는 학생이 천 명이 넘는다.

㊂ disciple
제자, 문하생

---

tender
[téndər]

혱 ① 부드러운 ② 다정한
The steak was juicy and tender.
그 스테이크는 육즙이 많고 부드러웠다.

---

claim
[kleim]

동 ① 요구하다 ② 주장하다　몡 ① 요구 ② 주장
No one ever claimed authorship for the poem.
아무도 그 시의 원저자라고 주장하지 않았다.

㊀ demand
요구하다

---

region
[rí:dʒən]

몡 지역, 지방
The birds return to this region every year.
새들은 매년 이 지역으로 돌아온다.

㊀ district
지구, 지역

---

device
[diváis]

몡 장치, 기구
The store sells all kinds of electronic devices.
그 상점은 모든 종류의 전자 기기를 판다.

㊀ instrument
도구, 기구

---

artificial
[à:rtəfíʃəl]

혱 인공적인
The artificial lake is fifteen meters deep.
그 인공 호수는 깊이가 15미터이다.

㊉ natural 자연의

---

creep
[kri:p]

(동) 기다, 기어가다 (creep - crept - crept)
He crept toward the edge of the room.
그는 방의 가장자리 쪽으로 기어갔다.

(유) sneak
살금살금 가다

---

extreme
[ikstrí:m]

(형) ① 극단적인 ② 지나친
In extreme cases, your membership may be cancelled.
극단적인 경우에 귀하의 회원 자격은 취소될 수도 있다.

(반) moderate
적당한

---

sudden
[sʌ́dən]

(형) 갑작스러운　　**suddenly** (부) 갑자기
Her departure was very sudden.
그녀의 출발은 매우 갑작스럽다.

(유) unexpected
예기치 않은

---

tradition
[trədíʃən]

(명) 전통, 관습　　**traditional** (형) 전통적인
This tradition dates back to medieval times.
이 전통은 중세 시대로 거슬러 올라간다.

(유) custom 관습

---

peel
[pi:l]

(동) 껍질을 벗기다 (명) (과일·채소 등의) 껍질
Could you peel the potatoes?
감자 껍질 좀 벗겨 주시겠어요?

(유) pare
껍질을 벗기다

---

addict
[ǽdikt]

(명) 중독자 (동) 중독되다　　**addiction** (명) 중독
He became a TV addict.
그는 TV 중독자가 되었다.

---

upgrade
[ʌ́pgréid]

(동) ① 개선하다 ② 등급을 올리다 (명) 개선, 향상
Medical facilities are being upgraded.
의학 시설들이 개선되고 있다.

(유) enhance
향상하다

---

worldwide
[wə́:rldwáid]

(형) 전 세계적인 (부) 전 세계적으로
The book has sold more than 10 million copies worldwide.
그 책은 전 세계적으로 1000만 권 이상 팔렸다.

(유) international
국제적인

---

vomit
[vámit]

(동) 구토하다 (명) ① 구토 ② 구토물
I vomited up all I had just eaten.
나는 내가 방금 먹은 모든 것을 토해냈다.

(유) throw up 토하다

---

thorough
[θə́:rou]

(형) 철저한, 면밀한
They are making a thorough investigation.
그들은 철저한 조사를 하고 있다.

(유) strict 철저한

Exercise

A 주어진 단어의 뜻을 영어는 우리말로, 우리말은 영어로 쓰세요.

1 paragraph _____
2 guilty _____
3 region _____
4 device _____
5 creep _____

6 구토하다 _____
7 전 세계적인 _____
8 학생, 동공 _____
9 갑작스러운 _____
10 요구하다, 주장하다 _____

B 알맞은 단어를 넣어 주어진 어구를 완성하세요.

1 a daily _____   생필품
2 _____ the limit   한도를 넘어
3 _____ meat   연한 고기
4 a(n) _____ examination   철저한 조사
5 a(n) _____ leg   의족(義足)

6 a drug _____   약물 중독자
7 follow _____   전통을 따르다
8 live in _____ poverty   극한의 가난 속에 살다
9 _____ security   보안을 강화하다
10 _____ an apple   사과 껍질을 벗기다

C 알맞은 단어를 골라 문장을 완성하세요.

1 The tribe lives in the Amazon (pupil / region).   그 부족은 아마존 지역에 산다.
2 The spider was (peeling / creeping) closer to its prey.   거미는 먹이를 향해 기어가고 있었다.
3 He can fix a variety of mechanical (devices / necessities).   그는 다양한 기계 장치를 고칠 수 있다.
4 The ad (upgrades / claims) that the drug helps weight loss.   그 광고는 그 약이 체중 감량을 도와준다고 주장한다.
5 I feel like I'm going to (vomit / addict).   나는 토할 것 같다.

정답 p.119 ⇒

Day 09

MP3 듣기 ▶

objective
[əbdʒéktiv]

㉠ 목적, 목표 ㉡ 객관적인
My objective is to win the game.
내 목표는 경기에 이기는 것이다.

㉺ subjective
주관적인

---

aspect
[ǽspekt]

㉠ ① 외관, 모양 ② 측면
We considered the problem from every aspect.
우리는 그 문제를 모든 측면에서 고려했다.

㉴ side 면, 측면

---

neither
[níːðər]

㉣ ㉡ (둘 중) 어느 쪽도 ~ 아니다
㉵ ① ~도 아니고 ~도 아니다 ② (부정문 뒤) ~도 또한 아니다
She can't play the violin, but neither can he.
그녀는 바이올린을 켤 줄 모르는데 그도 마찬가지이다.

---

vehicle
[víːəkl]

㉠ ① 차량, 탈것 ② 수단, 매개체
The thieves abandoned their vehicle under the bridge.
도둑들은 차를 다리 아래에 버렸다.

---

impact
[ímpækt]

㉠ ① 충돌, 충격 ② 영향, 효과 ㉴ 영향을 주다
Internet shopping has a serious impact on traditional
shops. 인터넷 쇼핑은 전통 상점에게 심각한 영향을 끼쳤다.

㉴ collision 충돌

---

violate
[váiəlèit]

㉴ 위반하다, 어기다　violation ㉠ 위반
Companies that violate the laws will be heavily fined.
그 법을 위반하는 회사들은 상당한 벌금을 부과받을 것이다.

㉴ break 어기다

---

depressed
[diprést]

㉡ 의기소침한, 우울한
He was very depressed about losing his job.
그는 일자리를 잃어 매우 의기소침해 있었다.

㉴ discouraged
낙담한

---

shelter
[ʃéltər]

㉠ 피난처, 은신처
The crowd ran for shelter when the rain started.
비가 내리기 시작했을 때 군중들은 피할 곳을 찾아 뛰었다.

㉴ refuge 피난처

---

evidence
[évidəns]

㉠ 증거, 흔적　evident ㉡ 명백한
There is no evidence that she is guilty.
그녀가 유죄라는 증거는 없다.

㉴ proof 증거

---

tropical
[trápikəl]

㉡ 열대(지방)의
The couple dream of living on a tropical island.
그 커플은 열대 섬에서 사는 것을 꿈꾼다.

㉵ polar 극지방의

---

vessel
[vésəl]

몡 ① 선박 ② 그릇 ③ 혈관
They are making journeys in unsafe vessels.
그들은 안전하지 않은 배를 타고 위험한 항해를 하고 있다.

---

frown
[fraun]

동 찡그린 표정을 짓다 몡 찡그린 표정
He frowned and looked annoyed.
그는 얼굴을 찡그렸고 짜증 나 보였다.

반 grin 활짝 웃다

---

council
[káunsəl]

몡 ① 위원회 ② 회의 ③ 의회
The city council is responsible for keeping the streets
clean. 시 의회는 거리를 깨끗하게 하는 데 책임이 있다.

유 committee
위원회

---

instance
[ínstəns]

몡 ① 경우 ② 사례
There were several instances of computer failure.
몇 건의 컴퓨터 고장이 있었다.

유 case 경우

---

suffer
[sʌ́fər]

동 ① 고통받다 ② 겪다, 당하다   suffering 몡 고통, 괴로움
The CEO has been suffering from cancer for three years.
그 대표 이사는 3년 동안 암으로 고통받고 있다.

유 undergo 겪다

---

appearance
[əpí(:)ərəns]

몡 ① 출현 ② 겉모습, 외모   appear 동 나타나다
Monica and Rachel make regular appearances on TV.
모니카와 레이첼은 텔레비전에 고정적으로 나온다.

유 figure 형태, 모습

---

pump
[pʌmp]

몡 펌프, 양수기 동 (펌프로) 퍼 올리다
The machine suddenly stopped pumping.
그 기계는 갑자기 퍼 올리기를 멈췄다.

---

antique
[æntí:k]

형 과거의, 고대의 몡 골동품
The table was an antique worth a lot of money.
그 탁자는 고가의 골동품이었다.

유 ancient 고대의

---

grip
[grip]

동 ① 꽉 움켜쥐다 ② (흥미 · 마음을) 끌다 몡 ① 움켜쥐기 ② 지배
The child gripped my finger with his hand.
아이는 자신의 손으로 내 손가락을 꽉 움켜쥐었다.

유 grasp 꽉 잡다

---

mate
[meit]

몡 ① (한 쌍의) 짝 ② 배우자, 동료
He couldn't find the mate to this sock.
그는 이 양말 한 짝을 찾을 수 없었다.

유 partner 동반자

Exercise

A 주어진 단어의 뜻을 영어는 우리말로, 우리말은 영어로 쓰세요.

1 depressed _____
2 vessel _____
3 neither _____
4 council _____
5 mate _____

6 고통받다, 겪다 _____
7 충돌, 충격 _____
8 고대의, 골동품 _____
9 펌프, 양수기 _____
10 꽉 움켜쥐다 _____

B 알맞은 단어를 넣어 주어진 어구를 완성하세요.

1 a(n) _____ description 객관적 묘사
2 a stolen _____ 훔친 차량
3 _____ rules 규칙을 어기다
4 a bomb _____ 방공호
5 find _____ 증거를 찾다

6 a positive _____ 긍정적인 면
7 for _____ 예를 들어
8 good _____ 단정한 용모
9 a(n) _____ climate 열대 기후
10 wear a(n) _____ 찡그린 표정을 짓다

C 알맞은 단어를 골라 문장을 완성하세요.

1 Mr. Jackson (suffers / violates) from diabetes. 잭슨 씨는 당뇨병으로 고생한다.
2 Jennies easily gets (frowned / depressed) by rainy weather. 제니스는 비 오는 날씨에 쉽게 우울해진다.
3 Not all stress has a negative (impact / instance) on health. 모든 스트레스가 건강에 부정적인 영향을 미치는 것은 아니다.
4 He (aspect / neither) loves nor hates Chinese food. 그는 중국 음식을 좋아하지도, 싫어하지도 않는다.
5 I (gripped / pumped) the door knob and turned it slowly. 나는 문손잡이를 잡고 천천히 돌렸다.

정답 p.120 ➡

pale
[peil]

⟨형⟩ ① (안색 등이) 창백한 ② (색깔이) 연한
He turned pale at the news.
그는 소식을 듣고 얼굴이 창백해졌다.

⟨유⟩ faint
(색 등이) 희미한

---

quarrel
[kwɔ́(ː)rəl]

⟨동⟩ 싸우다, 다투다 ⟨명⟩ 다툼
The children quarrel all the time.
그 아이들은 항상 싸운다.

⟨유⟩ argue 논쟁하다

---

category
[kǽtəgɔ̀ːri]

⟨명⟩ 범주, 카테고리
Computer viruses fall into four categories.
컴퓨터 바이러스는 4개의 범주로 나뉜다.

⟨유⟩ sort 종류

---

league
[liːg]

⟨명⟩ ① 동맹, 연맹 ② 리그
They are currently at the bottom of the league.
그들은 현재 리그 최하위이다.

⟨유⟩ association
연합

---

bore
[bɔːr]

⟨동⟩ ① 지루하게 하다 ② 구멍을 뚫다 　boring ⟨형⟩ 지루한
I sensed that my guests were bored.
나는 손님들이 지루해 한다는 걸 느꼈다.

---

fond
[fɑnd]

⟨형⟩ 좋아하는
My sister is fond of pointing out my mistakes.
언니는 내 실수를 지적하는 걸 좋아한다.

---

voyage
[vɔ́iidʒ]

⟨명⟩ 항해, 여행
He brought a lot of treasures on his second voyage.
그는 두 번째 항해에서 많은 보물을 가져왔다.

⟨유⟩ expedition
탐험

---

political
[pəlítikəl]

⟨형⟩ 정치적인 　politics ⟨명⟩ 정치
Free trade is a political issue.
자유 무역은 정치적인 문제이다.

---

willing
[wíliŋ]

⟨형⟩ 기꺼이 ~하는
He is very willing to give her a chance.
그는 그녀에게 기꺼이 기회를 주려고 한다.

---

assign
[əsáin]

⟨동⟩ ① 할당하다 ② 지정하다
It's my job to assign tasks to the members.
구성원들에게 일을 할당하는 것이 나의 일이다.

⟨유⟩ allocate
할당하다

supply [səplɑi]	동 공급하다 명 공급 This muscle controls the supply of blood. 이 근육은 혈액 공급을 조절한다.	유 provide 공급하다
cattle [kǽtl]	명 (집합적) 소 This type of rope is used by cowboys to catch cattle. 이런 종류의 로프는 카우보이들이 소를 잡는 데 이용된다.	
boom [buːm]	동 ① 굉음을 내다 ② (갑자기) 호전하다 명 ① 굉음 ② (경제·사업 등의) 붐, 급성장 The island is experiencing a boom in tourism. 그 섬은 관광 붐을 겪고 있다.	
toward [təwɔ́ːrd]	전 ① (방향) ~을 향하여 ② (시간) ~에 가깝게 ③ (태도) ~에 대하여 Students stood up and walked toward the door. 학생들은 일어나서 문 쪽으로 걸어갔다.	
pill [pil]	명 알약, 정제 You should take two or three pills a day. 당신은 하루에 2~3알씩 복용해야 한다.	유 tablet 알약, 정제
memorial [məmɔ́ːriəl]	명 기념비 형 기념의 The war memorial was erected in 1953. 전쟁 기념비가 1953년에 세워졌다.	유 monument 기념물
broad [brɔːd]	형 ① (폭이) 넓은 ② 광범위한 My boyfriend is six feet tall with broad shoulders. 남자 친구는 6피트의 키에 어깨가 넓다.	유 extensive 광대한
crush [krʌʃ]	동 눌러 부수다, 으깨다 Use the back of a spoon to crush the garlic. 마늘을 으깨려면 숟가락 뒤쪽을 이용하세요.	유 squash 짓누르다
sole [soul]	형 ① 유일의, 단 하나의 ② 독점적인 명 ① 발바닥 ② 신발 밑창 He has sole responsibility for the project. 그는 프로젝트의 유일한 책임자다.	유 exclusive 독점적인
trunk [trʌŋk]	명 ① (나무의) 줄기 ② 몸통 ③ 여행 가방 He was sitting on a cut trunk of a tree. 그는 잘려진 나무 그루터기에 앉아 있었다.	

Exercise

A 주어진 단어의 뜻을 영어는 우리말로, 우리말은 영어로 쓰세요.

1 league   _____   6 다투다, 다툼   _____

2 fond   _____   7 넓은, 광범위한   _____

3 political   _____   8 공급하다   _____

4 willing   _____   9 (집합적으로) 소   _____

5 crush   _____   10 지루하게 하다   _____

B 알맞은 단어를 넣어 주어진 어구를 완성하세요.

1 look _____   창백해 보이다   6 _____ Day   현충일

2 pack a(n) _____   가방을 싸다   7 the _____ heir   유일한 상속자

3 _____ a room   방을 지정하다   8 _____ the east   동쪽으로

4 an economic _____   경제 호황   9 a maiden _____   처녀항해

5 a sleeping _____   수면제   10 set up a(n) _____   범주를 설정하다

C 알맞은 단어를 골라 문장을 완성하세요.

1 He currently plays in the English football (league / category).   그는 현재 영국 축구 리그에서 뛰고 있다.

2 I am (bore / willing) to help them.   나는 그들을 도와줄 용의가 있다.

3 A herd of (cattle / trunk) is grazing in the field.   한 무리의 소가 평원에서 풀을 뜯고 있다.

4 They do not (crush / quarrel) in front of their children.   그들은 아이들 앞에서 말다툼하지 않는다.

5 Drinkable water is in short (supply / voyage) in the country.   그 나라에서는 식수가 부족하다.

정답 p.120 ➡

A 주어진 단어와 알맞은 뜻을 찾아 연결하세요.

1 infect •   • 읽고 쓸 줄 아는   6 addict •   • 기념비
2 literate •   • 공격적인   7 objective •   • 할당하다
3 aggressive •   • 분투하다   8 evidence •   • 증거, 흔적
4 struggle •   • 필요성   9 assign •   • 목적, 목표
5 necessity •   • 감염시키다   10 memorial •   • 중독자

B 단어의 관계에 맞게 빈칸을 채우세요.

1 rank : grade = wound : _____   6 objective : _____ = comic : tragic

2 considerate : _____ = annual : yearly   7 moderate : extreme = literate : _____

3 twist : sprain = claim : _____   8 ultimate : _____ = sudden : suddenly

4 natural : artificial = visible : _____   9 suffer : suffering = appear : _____

5 senior : junior = external : _____   10 evidence : evident = tradition : _____

C 알맞은 단어를 넣어 문장을 완성하세요.

1 A third of my classmates are _____ with the flu.   우리 반 친구들의 1/3이 독감에 걸렸다.

2 My father spent his _____ in Germany.   우리 아버지는 어린 시절을 독일에서 보냈다.

3 The man has not yet been proved _____.   그 남자는 아직 유죄가 확정되지 않았다.

4 Mr. Winchester is collecting _____.   원체스터 씨는 골동품을 수집한다.

5 The chef _____ some garlic with a knife.   요리사는 칼로 마늘을 으깼다.

정답 p.120 ➡

Vocabulary Plus

☐ **stop by** ~에 잠깐 들르다
Mr. Rogan will **stop by** your office tomorrow.
로건 씨가 내일 당신의 사무실에 잠깐 들를 겁니다.

☐ **drop by** ~에 잠깐 들르다
Why don't we **drop by** the shopping mall?
우리 쇼핑몰에 잠깐 들르는 게 어때?

☐ **go by** 경과하다, 지나가다
Time **went by** so fast.
시간이 매우 빠르게 지났다.

☐ **pass by** ~를 지나가다
A group of children is **passing by** me.
한 무리의 아이들이 내 옆을 지나가고 있다.

☐ **stand by** 지지하다, ~ 편이 되다
We will **stand by** you.
우리가 네 편이 되어 줄게.

☐ **break down** 고장 나다
My watch **broke down** yesterday.
어제 내 시계가 고장 났다.

☐ **close down** 폐쇄하다
My old school **closed down** 5 years ago.
내가 옛날에 다니던 학교는 5년 전에 폐교되었다.

☐ **knock down** 때려눕히다
Nobody can **knock** me **down**.
아무도 나를 때려눕힐 수 없다.

☐ **lie down** 드러눕다
My cat is **lying down** on the floor.
내 고양이는 마루에 누워 있다.

☐ **look down** 내려다보다
I **looked down** at the Han River from my room.
나는 내 방에서 한강을 내려다보았다.

Check-up Test

1 I will _____ _____ the bookstore on my way home.
나는 집에 가는 길에 서점에 잠깐 들를 거야.

2 I _____ _____ the post office on my way to school.
나는 등굣길에 우체국을 지나간다.

3 Her family _____ _____ her.
그녀의 가족은 그녀의 편이 되어 주었다.

4 Mr. Baker decided to _____ _____ his bakery.
베이커 씨는 자신의 제과점을 폐점하기로 결정했다.

5 Mark _____ _____ Jack.
마크는 잭을 때려눕혔다.

정답 p.120 ➡

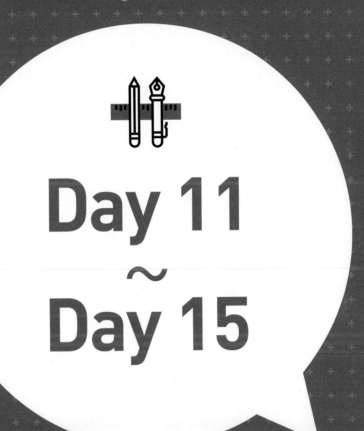

Chapter 03

Day 11
~
Day 15

barely
[bɛ́ərli]

부 ① 간신히 ② 거의 ~ 않다
She was so dizzy that she could barely stand.
그녀는 너무 어지러워서 간신히 서 있었다.

유 hardly
거의 ~ 아니다

---

scarce
[skɛərs]

형 부족한, 드문
Food and clean water are becoming scarce.
음식과 깨끗한 물이 부족해지고 있다.

반 plentiful 풍부한

---

decline
[dikláin]

동 ① 감소하다 ② 거절하다 명 감소, 쇠퇴
Profits have declined as a result of the drop in sales.
판매 하락으로 인해 이윤이 감소했다.

유 refuse 거절하다

---

chimney
[tʃímni]

명 굴뚝
The chimney was made of bricks.
굴뚝은 벽돌로 만들었다.

---

informal
[infɔ́ːrməl]

형 ① 격식 없는, 편안한 ② 비공식적인
We had an informal meeting over lunch.
우리는 점심을 먹으며 비공식적인 모임을 가졌다.

반 formal 공식적인

---

sniff
[snif]

동 ① (코를) 훌쩍이다 ② (코를 대고) 냄새 맡다 명 킁킁 냄새 맡기
The dog sniffed the floor.
개가 바닥에 코를 대고 냄새를 맡았다.

---

coal
[koul]

명 석탄
When the coals are red, they are very hot.
석탄이 빨갛게 되면 매우 뜨거운 상태이다.

참 petroleum 석유

---

whistle
[hwísl]

명 ① 휘파람 ② 호각, 호루라기 동 휘파람을 불다
The teacher blew his whistle.
선생님이 호루라기를 불었다.

---

predict
[pridíkt]

동 예측하다, 예언하다 prediction 명 예측, 예언
Sales are predicted to be the same as last year.
판매는 작년과 같을 것으로 예측된다.

유 expect 예상하다

---

religion
[rilídʒən]

명 종교 religious 형 종교의
The children are learning about different religions.
아이들은 다른 종교에 대해 배우고 있다.

참 faith 믿음, 신앙

---

suspect
[səspékt]

동 의심하다, 수상히 여기다 명 용의자
There is no reason to suspect her loyalty.
그녀의 충성심을 의심할 이유가 없다.

반 trust 신뢰하다

---

evil
[íːvəl]

형 나쁜, 사악한 명 악, 사악
The movie is about an evil genius.
영화는 사악한 천재에 관한 내용이다.

유 wicked 사악한

---

aptitude
[æptitjùːd]

명 ① 적성 ② 재능, 소질
My daughter has no aptitude for dancing.
내 딸은 춤에 소질이 없다.

유 talent 재능

---

splash
[splæʃ]

동 (물 등을) 튀기다, 튀다 명 튀긴 자국, 얼룩
Some of the soup splashed onto the chair.
수프가 의자에 조금 튀었다.

---

plot
[plɑt]

명 ① (이야기의) 줄거리, 구성 ② 음모, 계략 동 음모하다
The plots of the series are basically all the same.
그 시리즈의 구성은 기본적으로 다 같다.

---

twilight
[twáilàit]

명 황혼, 땅거미
He loves walking along the beach at twilight.
그는 땅거미가 질 때 해변을 따라 걷는 것을 좋아한다.

유 sunset 일몰

---

mend
[mend]

동 ① 고치다 ② 개선하다
A repairman is coming to mend the boiler today.
수리공이 오늘 보일러를 고치러 올 것이다.

유 fix 수리하다

---

clumsy
[klʌmzi]

형 서투른, 어설픈
Their movements were rather clumsy.
그들의 움직임은 다소 어설펐다.

반 skillful 숙련된

---

attract
[ətrǽkt]

동 ① 끌다, 끌어당기다 ② 유혹하다 attractive 형 매력적인
Our proposals have attracted a lot of attention.
우리의 제안은 많은 관심을 끌었다.

유 tempt 유혹하다

---

charm
[tʃɑːrm]

명 ① 매력 ② 부적, 주문 동 매혹하다
The island possesses great charm.
그 섬은 훌륭한 매력을 간직하고 있다.

유 attract 유혹하다

A 주어진 단어의 뜻을 영어는 우리말로, 우리말은 영어로 쓰세요.

1	scarce	_____	6	간신히, 거의 ~ 않다 _____
2	chimney	_____	7	나쁜, 사악한 _____
3	coal	_____	8	(코를) 훌쩍이다 _____
4	predict	_____	9	황혼, 땅거미 _____
5	religion	_____	10	서투른, 어설픈 _____

B 알맞은 단어를 넣어 주어진 어구를 완성하세요.

1	_____ a roof	지붕을 수리하다	6	a good luck _____ 행운의 부적
2	a prime _____	유력 용의자	7	a strong _____ 탄탄한 줄거리
3	sound of a(n) _____	휘파람 소리	8	a(n) _____ visit 비공식 방문
4	a(n) _____ test	적성 검사	9	_____ customers 고객들을 끌어들이다
5	_____ water	물을 튀기다	10	_____ an invitation 초대를 거절하다

C 알맞은 단어를 골라 문장을 완성하세요.

1 Rain is (predicted / whistled) for the weekend.   주말에 비가 예보되었다.

2 Water is getting (evil / scarce) in the northern region.   북부 지역에 물이 부족해지고 있다.

3 They are fighting for freedom of (plot / religion).   그들은 종교의 자유를 위해 싸우고 있다.

4 She is (barely / informal) 160 cm tall.   그녀는 키가 겨우 160센티미터이다.

5 The dog (splashed / sniffed) at the food.   개는 먹이에 코를 대고 킁킁 냄새를 맡았다.

정답 p.120 ➡

canal
[kənǽl]

(명) 운하, 수로
He walked along the canal for a couple of miles.
그는 운하를 따라 수마일을 걸었다.

(유) channel 수로

---

emphasize
[émfəsàiz]

(동) 강조하다　　emphasis (명) 강조
The lecturer emphasized the importance of good nutrition. 강사는 좋은 영양의 중요성을 강조했다.

(유) stress 강조하다

---

technique
[tekníːk]

(명) ① 기법 ② 기술　　technical (형) 기술의
They have developed a new technique.
그들은 새로운 기술을 개발했다.

(유) skill 기술

---

outstanding
[àutstǽndiŋ]

(형) 두드러진, 뛰어난
We produced the outstanding performance of the match.
우리는 경기에서 뛰어난 성적을 거두었다.

(유) excellent
탁월한

---

commute
[kəmjúːt]

(동) ① 통근하다 ② 교환하다
She commutes by bus every day.
그녀는 매일 버스를 타고 통근한다.

---

delicate
[délikət]

(형) ① 섬세한 ② 허약한 ③ 민감한
Delicate plants need to be kept indoors.
섬세한 식물들은 실내에 두어야 한다.

(유) sensitive
민감한

---

preserve
[prizə́ːrv]

(동) ① 보호하다 ② 보존하다
The ancient remains are well preserved.
고대 유적들이 잘 보존되어 있다.

(유) conserve
보존하다

---

despair
[dispέər]

(명) 절망, 좌절
He sank into deep despair when he lost his job.
그가 일자리를 잃었을 때 깊은 절망에 빠졌다.

(유) discouragement
낙담, 좌절

---

avenue
[ǽvənjùː]

(명) 큰 길, 대로, ~가
They walked down a broad avenue lined with trees.
그들은 나무들이 늘어서 있는 넓은 대로를 따라 걸었다.

(유) street 거리, ~가

---

oppose
[əpóuz]

(동) ① 반대하다 ② 대항하다　　opposition (명) 반대
The governor opposed changing the law.
주지사는 그 법을 변경하는 것에 반대했다.

(유) resist 저항하다

relative
[rélətiv]

⑲ 친척 ⑲ 비교적인, 상대적인
Is the donkey a relative of the horse?
당나귀는 말의 친척인가요?

⑲ absolute
절대적인

---

tense
[tens]

⑲ ① 긴장한 ② 팽팽한　　tension ⑲ 긴장
There was a tense silence in the room.
방 안에는 긴장감이 감도는 침묵이 흘렀다.

⑲ nervous 초조한

---

swallow
[swálou]

⑲ (음식을) 삼키다, 집어삼키다 ⑲ 제비
I quickly swallowed the rest of my coffee.
나는 남은 커피를 재빠르게 삼켰다.

---

guideline
[gáidlàin]

⑲ 지침, 가이드라인
They offer guidelines on how to invest safely.
그들은 안전하게 투자하는 법에 대해 가이드라인을 제공한다.

⑲ regulation 규정

---

beforehand
[bifɔ́:rhæ̀nd]

⑲ 미리, 사전에
He had called beforehand to let her know he was coming.
그는 가고 있다는 걸 그녀에게 알려 주려고 미리 전화했다.

⑲ in advance
미리

---

disgrace
[disgréis]

⑲ 수치, 불명예 ⑲ 수치를 안기다　　disgraceful ⑲ 수치스러운
The CEO resigned in disgrace.
그 대표 이사는 불명예스럽게 물러났다.

⑲ shame
수치, 치욕

---

carve
[kɑ:rv]

⑲ ① 새기다, 조각하다 ② (요리한 고기를) 얇게 썰다
We carved our names on a tree.
우리는 나무에 우리 이름을 새겼다.

⑲ engrave 새기다

---

ashore
[əʃɔ́:r]

⑲ 해변에, 강가에, 물가에
All the crew have come ashore.
모든 선원들이 해변에 왔다.

---

underwear
[ʌ́ndərwɛ̀ər]

⑲ 속옷
You need to take some warm underwear.
따뜻한 속옷을 좀 챙겨 가야 한다.

---

rely
[rilái]

⑲ 의존하다, 믿다　　reliable ⑲ 믿을 만한
At least you can rely on me.
적어도 당신은 나를 믿어도 된다.

⑲ depend
의존하다

Exercise

A 주어진 단어의 뜻을 영어는 우리말로, 우리말은 영어로 쓰세요.

1 canal _____ 6 해변에, 물가에 _____

2 technique _____ 7 지침, 가이드라인 _____

3 emphasize _____ 8 큰 길, 대로 _____

4 rely _____ 9 긴장한, 팽팽한 _____

5 beforehand _____ 10 반대하다 _____

B 알맞은 단어를 넣어 주어진 어구를 완성하세요.

1 _____ a sculpture   조각상을 깎다 6 a(n) _____ matter   민감한 문제

2 a national _____   국가적인 수치 7 _____ nature   자연을 보존하다

3 _____ hard   침을 꿀꺽 삼키다 8 change my _____   속옷을 갈아입다

4 a distant _____   먼 친척 9 _____ to work   직장으로 통근하다

5 a(n) _____ service   훌륭한 서비스 10 fall into _____   절망에 빠지다

C 알맞은 단어를 골라 문장을 완성하세요.

1 He played the guitar with excellent (canal / technique).   그는 훌륭한 기술을 구사하며 기타를 연주했다.

2 Mr. Lee (carved / emphasized) the importance of environment.   이 씨는 환경의 중요성을 강조했다.

3 The interviewee looked a little (tense / delicate).   그 면접자는 약간 긴장되어 보였다.

4 The senator (swallows / opposes) the death penalty.   그 상원의원은 사형제를 반대한다.

5 They called for strict (guidelines / avenues) on the employment.   그들은 고용에 있어서 엄격한 기준을 요구했다.

정답 p.121 ➡

51

Day 13

facility
[fəsíləti]

명 설비, 시설
The hotel has excellent leisure facilities.
호텔은 훌륭한 여가 시설을 갖추고 있다.

costume
[kástʃuːm]

명 의상, 복장
We were all dressed in 19th-century costumes.
우리는 모두 19세기 의상으로 입었다.

유 attire 의복, 복장

acceptable
[əkséptəbl]

형 받아들일 만한, 만족스러운
Pollution is no longer socially acceptable.
오염은 더 이상 사회적으로 받아들일 수 없다.

fasten
[fǽsən]

동 매다, 채우다, 고정하다
Please keep your seat belts fastened.
안전벨트를 매고 계세요.

참 bind 묶다, 감다

pearl
[pəːrl]

명 진주
The man gave a pearl necklace to his wife.
남자는 그의 아내에게 진주 목걸이를 주었다.

define
[difáin]

동 ① 정의하다 ② 규정하다   definition 명 정의
It is very difficult to define the concept.
그 개념을 정의하는 것은 매우 어렵다.

incredible
[inkrédəbl]

형 엄청난, 믿을 수 없는
Nick scored an incredible goal in the match.
닉은 경기에서 엄청난 골을 넣었다.

유 fantastic
환상적인

tide
[taid]

명 ① 조수, 밀물과 썰물 ② 흐름
Is the tide coming in or going out?
조수가 들어오고 있나요 아니면 나가고 있나요?

유 current 흐름

remote
[rimóut]

형 멀리 떨어진, 외딴
It happened in a remote mountain village.
그것은 외딴 산골 마을에서 발생했다.

유 distant 먼

slave
[sleiv]

명 노예
They treated him like a slave.
그들은 그를 노예처럼 다루었다.

참 servant
하인, 종

aware
[əwɛ́ər]

형 알고 있는, 인식하는
Are you aware of how important it is to us?
그게 우리에게 얼마나 중요한지 알고 있나요?

반 ignorant 모르는

---

pressure
[préʃər]

명 압력, 압박
The council is under pressure to reduce spending.
위원회는 지출을 줄이라는 압박을 받고 있다.

유 strain 부담, 중압

---

remain
[riméin]

동 남다, 머무르다
Population growth remains a serious issue.
인구 증가는 심각한 문제로 남아 있다.

유 stay
남다, 머무르다

---

nursery
[nə́ːrsəri]

명 탁아소, 육아실
They go to nursery every morning.
그들은 아침마다 어린이집에 간다.

---

biography
[baiágrəfi]

명 전기
This is a new biography of Mother Teresa.
이것은 테레사 수녀의 새로운 전기이다.

---

estimate
[éstəmèit]

동 ① 추정하다 ② 평가하다 명 견적
The total cost was estimated at $500,000.
총 비용은 50만 달러로 추정되었다.

---

rarely
[rɛ́ərli]

부 ① 드물게 ② 거의 ~하지 않다　　rare 형 드문, 희귀한
He rarely talks about his past.
그는 자신의 과거에 대해 거의 말하지 않는다.

유 seldom
거의 ~ 않다

---

latest
[léitist]

형 최근의, 최신의
We are interested in all the latest fashions.
우리는 모든 최신 패션에 대해 관심이 있다.

유 up-to-date
최신의

---

swear
[swɛər]

동 맹세하다 (swear- swore- sworn)
I swear to tell the truth.
진실을 말할 것을 맹세한다.

유 vow 맹세하다

---

destiny
[déstəni]

명 운명, 숙명
I don't know what destiny has planned for me.
나에게 어떤 운명이 계획되어 있는지 모르겠다.

유 fate 운명

Exercise

A 주어진 단어의 뜻을 영어는 우리말로, 우리말은 영어로 쓰세요.

1 slave   _____

2 costume   _____

3 nursery   _____

4 remain   _____

5 pressure   _____

6 알고 있는, 인식하는   _____

7 드물게   _____

8 전기   _____

9 밀물과 썰물   _____

10 받아들일 만한   _____

B 알맞은 단어를 넣어 주어진 어구를 완성하세요.

1 _____ a button   단추를 채우다

2 a(n) _____ story   믿을 수 없는 이야기

3 an artificial _____   인조 진주

4 _____ a word   단어를 정의하다

5 a medical _____   병원, 의료 시설

6 uncertain _____   불확실한 운명

7 a(n) _____ control   리모컨

8 a rough _____   대략적인 견적

9 _____ to God   신에게 맹세하다

10 _____ news   최신 뉴스

C 알맞은 단어를 골라 문장을 완성하세요.

1 Liberia was founded by freed (pearls / slaves).   라이베리아는 해방된 노예들이 건국했다.

2 Please (remain / swear) seated.   앉아 계세요.

3 My father has high blood (facility / pressure).   우리 아버지는 혈압이 높다.

4 We found a solution (incredible / acceptable) to both parties.   우리는 양자가 모두 수용할 수 있는 해결책을 찾았다.

5 A (biography / destiny) of the actor was published last week.   지난주에 그 배우에 대한 전기가 출판되었다.

정답 p.121 ➡

haste
[heist]

명 서두름, 급함 동 서두르다
The report was prepared in haste.
보고서는 급하게 준비되었다.

유 rush 서두르다

---

column
[kάləm]

명 ① 기둥, 지주 ② (신문·잡지의) 기고란, 칼럼
The playwright writes a weekly column for the paper.
그 극작가는 신문에 주간 칼럼을 쓴다.

유 pillar 기둥

---

behave
[bihéiv]

동 행동하다, 처신하다   behavior 명 행동, 행위
He behaved so badly to his mother.
그는 어머니에게 버릇없이 굴었다.

유 act 행동하다

---

greed
[gri:d]

명 욕심, 탐욕
Some people say human greed is endless.
몇몇 사람들은 인간의 욕심은 끝이 없다고 한다.

---

rather
[rǽðər]

부 ① 꽤, 상당히 ② 오히려, 차라리
She realized that she had been rather selfish.
그녀는 자신이 꽤 이기적이었다는 것을 깨달았다.

유 quite 꽤

---

literature
[lítərətʃùər]

명 ① 문학 ② (특정 분야의) 문헌
The student is studying French language and literature.
그 학생은 불어불문학을 공부하고 있다.

---

vocation
[voukéiʃən]

명 ① 천직 ② 사명감   vocational 형 직업상의, 직무상의
Many teachers regard their profession as a vocation.
많은 교사들이 그들의 일을 천직으로 생각한다.

---

advance
[ədvǽns]

동 나아가다 명 전진, 진보
You're the oldest player ever to advance to the final.
당신은 지금까지 결승전에 진출한 사람 중 가장 연장자이다.

유 proceed
나아가다

---

citizen
[sítəzən]

명 시민, 주민   citizenship 명 시민권
He is not a United States citizen any more.
그는 더 이상 미국 시민이 아니다.

---

awkward
[ɔ́:kwərd]

형 ① 어색한 ② 서투른
I feel awkward with strangers.
낯선 이들과 함께 있으면 어색하다.

유 clumsy 서투른

crisis
[kráisis]

명 위기
The leader was dealing with a budget crisis.
그 지도자는 예산 위기를 처리하고 있었다.

유 plight 곤경, 역경

---

remarkable
[rimá:rkəbl]

형 놀라운, 주목할 만한
His daughter has a remarkable talent.
그의 딸은 놀라운 재능이 있다.

유 outstanding
눈에 띄는

---

sweat
[swet]

명 땀 동 땀을 흘리다
We sweat a lot when we exercise.
우리는 운동할 때 땀을 많이 흘린다.

---

probable
[prábəbl]

형 있음직한, 가능성 있는　　probably 부 아마도
It seems probable that she'll pass the exam.
그녀가 시험에 통과할 가능성이 있어 보인다.

유 likely 가능성 있는

---

myth
[miθ]

명 ① 신화 ② (근거 없는) 사회 통념
They don't believe the myths and legends about this
area. 그들은 이 지역에 관한 신화와 전설을 믿지 않는다.

유 legend 전설

---

extinct
[ikstíŋkt]

형 멸종된, 사라진
Many species will soon become extinct.
많은 종들이 곧 사라질 것이다.

---

cargo
[ká:rgou]

명 화물, 짐
The ship is carrying a cargo of crude oil.
그 배는 원유를 운반하고 있다.

유 freight 짐, 화물

---

murder
[mə́:rdər]

동 죽이다, 살해하다 명 살인, 살해
The man has admitted committing several crimes,
including a murder.
남자는 살인 1건을 포함한 몇 가지 범죄를 저질렀음을 인정했다.

유 assassinate
암살하다

---

fellow
[félou]

명 동료
What did his fellow players think about the case?
그 사건에 대해 그의 동료 선수들은 어떻게 생각했나요?

유 colleague 동료

---

detective
[ditéktiv]

명 ① 형사 ② 탐정 형 ① 탐정의 ② 탐지용의
They hired a private detective.
그들은 사설탐정을 고용했다.

Exercise

A 주어진 단어의 뜻을 영어는 우리말로, 우리말은 영어로 쓰세요.

1 greed _____

2 behave _____

3 fellow _____

4 cargo _____

5 citizen _____

6 땀, 땀을 흘리다 _____

7 살해하다, 살인 _____

8 나아가다, 진보 _____

9 상당히, 오히려 _____

10 서두름, 급함 _____

B 알맞은 단어를 넣어 주어진 어구를 완성하세요.

1 a(n) _____ volcano   사화산(死火山)

2 a(n) _____ cause   예상 원인

3 a(n) _____ achievement   놀라운 성과

4 a(n) _____ situation   어색한 상황

5 a water _____   물 부족 위기

6 a(n) _____ novel   탐정 소설

7 a strong sense of _____   강한 소명 의식

8 write a(n) _____   (신문·잡지의) 칼럼을 쓰다

9 a Greek _____   그리스 신화

10 English _____   영문학

C 알맞은 단어를 골라 문장을 완성하세요.

1 Nothing could satisfy his (haste / greed) for power.
어떤 것도 그의 권력에 대한 탐욕을 만족시킬 수 없었다.

2 Please don't (behave / advance) like a child.
어린애처럼 굴지 마세요.

3 Minorities are often treated like second-class (fellows / citizens).
소수 민족들은 종종 이류 시민 취급을 받는다.

4 The soldiers (advanced / murdered) slowly.
병사들이 앞으로 천천히 나아갔다.

5 It was (awkward / rather) a difficult question.
그것은 다소 어려운 문제이다.

정답 p.121

Day 15

manual
[mǽnjuəl]

형 ① 손의 ② 수동의 ③ 육체노동의 명 설명서, 매뉴얼
manually 부 수동으로
He doesn't like doing manual work.
그는 육체노동하는 것을 좋아하지 않는다.

decay
[dikéi]

동 ① 부패하다 ② 쇠퇴하다 명 ① 부패 ② 쇠퇴
Plants and animals decay into the soil.
식물과 동물은 썩어서 흙이 된다.

유 rot 부패하다

household
[háushòuld]

명 가족, 가정 형 가족의, 가정의
Over 50 percent of households were dissatisfied with the plan. 50퍼센트 이상의 가정이 그 계획에 대해 불만족스러워했다.

screw
[skru:]

명 ① 나사 ② 나선형의 것 동 ① 나사로 죄다 ② 돌려서 고정하다
The cupboards were screwed to the wall.
찬장은 벽에 나사로 고정되었다.

유 tighten
단단히 죄다

remind
[rimáind]

동 생각나게 하다, 상기시키다
Remind him to turn his cell phone off.
그에게 휴대폰을 끌 것을 상기시켜 주세요.

well-being
[wel bí:iŋ]

명 행복, 안녕, 복지
It is essential for well-being to maintain a positive attitude. 긍정적인 태도를 유지하는 것이 행복에 필수이다.

유 welfare
행복, 복지

recent
[rí:sənt]

형 최근의 **recently** 부 최근에
She missed the most recent episode of the show.
그녀는 그 쇼의 최신 에피소드를 놓쳤다.

clay
[klei]

명 점토, 찰흙
Clay is used for making bricks.
점토는 벽돌을 만드는 데 쓰인다.

참 mud 진흙

tragedy
[trǽdʒidi]

명 불행, 비극 **tragic** 형 비극적인
They are studying Greek tragedy.
그들은 그리스 비극을 연구하고 있다.

반 comedy 희극

devote
[divóut]

동 바치다, 헌신하다, 전념하다 **devoted** 형 헌신적인
Her father devoted his life to serving his family.
그녀의 아버지는 가족을 위해 인생을 바쳤다.

unknown
[ʌnnóun]

형 ① 알려지지 않은 ② 무명의, 유명하지 않은
The cause of the traffic accident is unknown.
그 교통사고의 원인은 알려지지 않았다.

반 famous 유명한

---

factor
[fǽktər]

명 ① 요인, 요소 ② [수학] 인수
Price is a major factor in our decision-making.
가격은 우리의 의사 결정에 있어서 주된 요인이다.

유 element
요소, 원소

---

sweep
[swi:p]

동 ① 청소하다, 쓸다 ② 휩쓸고 가다 (sweep - swept - swept)
Are you finished sweeping the kitchen?
부엌 다 쓸었니?

참 mop
대걸레로 닦다

---

foul
[faul]

형 ① 악취 나는 ② 더러운 ③ 천박한 명 반칙, 파울
These toilets in the park smell foul.
공원에 있는 이 화장실들은 악취가 난다.

유 dirty 더러운

---

commerce
[kámə(:)rs]

명 ① 상업 ② 무역   commercial 형 상업용의; 상업적인 명 광고
There has been a lot of commerce between the two
countries. 두 국가 사이에 많은 무역이 이루어지고 있다.

---

ripe
[raip]

형 ① (과일·곡물 등이) 잘 익은 ② 때가 된
This fruit turns red when it is ripe.
이 과일은 익으면 빨갛게 된다.

유 mature 숙성한

---

glow
[glou]

동 ① 빛을 내다 ② 상기되다, 빨개지다 명 ① 불빛 ② 홍조
These shoes glow in the dark.
이 신발은 어둠 속에서 빛을 낸다.

---

imaginative
[imǽdʒənətiv]

형 ① 상상의 ② 상상력이 풍부한   imaginary 형 상상의
He wrote an imaginative story for his children.
그는 아이들을 위해 상상력이 풍부한 이야기를 썼다.

---

lid
[lid]

명 ① 뚜껑 ② 눈꺼풀
The old lady couldn't get the lid off the jar.
그 노부인은 병의 뚜껑을 열지 못했다.

---

instruct
[instrʌ́kt]

동 ① 가르치다 ② 지시하다   instruction 명 교육; 지시
They instructed all of us that we were to remain in our
seats. 그들은 우리 모두에게 좌석에 그대로 있으라고 지시했다.

유 direct 지시하다

A 주어진 단어의 뜻을 영어는 우리말로, 우리말은 영어로 쓰세요.

1 lid _____

2 clay _____

3 factor _____

4 instruct _____

5 well-being _____

6 부패하다, 쇠퇴하다 _____

7 최근의 _____

8 헌신하다, 전념하다 _____

9 청소하다, 쓸다 _____

10 상기시키다 _____

B 알맞은 단어를 넣어 주어진 어구를 완성하세요.

1 a user's _____   사용 설명서

2 overcome a(n) _____   비극을 극복하다

3 a center of _____   상업 중심지

4 a(n) _____ apple   잘 익은 사과

5 a(n) _____ odor   지독한 냄새

6 _____ with pleasure   기쁨으로 빛나다

7 _____ children   상상력이 풍부한 아이들

8 a(n) _____ writer   무명작가

9 the head of the _____   가장(家長)

10 remove a(n) _____   나사를 제거하다

C 알맞은 단어를 골라 문장을 완성하세요.

1 She (devoted / screwed) herself to help the needy.   그녀는 어려운 사람들을 돕는 데 헌신했다.

2 Please (sweep / remind) me to buy some cereal.   나에게 시리얼을 사라고 다시 얘기해 줘.

3 He (instructed / decayed) us on how to use the machine.   그는 우리에게 기계 사용법을 알려 주었다.

4 The man was (glowing / sweeping) fallen leaves.   그 남자는 낙엽을 쓸고 있었다.

5 There are several (factors / fouls) in the company's success.   그 회사의 성공에는 몇 가지 요인이 있다.

정답 p.121 ➡

Review test

A 주어진 단어와 알맞은 뜻을 찾아 연결하세요.

1	decline	•	• 절망, 좌절	6	estimate	•	• 놀라운
2	charm	•	• 감소하다	7	remarkable	•	• 추정하다
3	preserve	•	• 엄청난	8	awkward	•	• 불행, 비극
4	despair	•	• 매력	9	tragedy	•	• 상업
5	incredible	•	• 보호하다	10	commerce	•	• 어색한

B 단어의 관계에 맞게 빈칸을 채우세요.

1 rather : quite = barely : _____

2 mend : fix = _____ : stress

3 _____ : tense = distant : remote

4 destiny : fate = _____ : fellow

5 scarce : _____ = informal : formal

6 clumsy : skillful = _____ : aware

7 attract : tempt = engrave : _____

8 rare : rarely = probable : _____

9 devote : devoted = rely : _____

10 commerce : _____ = religion : religious

C 알맞은 단어를 넣어 문장을 완성하세요.

1 The main character of the novel is a(n) _____ villain.   그 소설의 주인공은 사악한 악당이다.

2 A lot of trash washed _____ on the beach.   많은 쓰레기가 해변으로 쓸려 왔다.

3 The empty boat got swept away in the _____.   빈 보트는 조류에 쓸려 갔다.

4 The new SUV has a lot of _____ space.   그 새 SUV 차량은 짐을 실을 공간이 넓다.

5 The dead animal started to _____.   죽은 동물은 부패하기 시작했다.

정답 p.121

Vocabulary Plus

☐ **get through** ~을 통과하다, 극복하다
All my students **got through** the test.
나의 학생들은 모두 시험에 통과했다.

☐ **go through** 겪다
Iraq **went through** several wars.
이라크는 몇 차례의 전쟁을 겪었다.

☐ **look through** ~을 (빠르게) 살펴보다
He **looked through** his notes before the lecture.
그는 수업 전에 노트를 살펴보았다.

☐ **pass through** ~을 지나가다
My car is **passing through** a long tunnel.
내 차는 긴 터널을 통과하는 중이다.

☐ **put through** 전화를 연결시키다
I'll **put** you **through**.
전화를 연결해 드리겠습니다.

☐ **break into** ~에 침입하다
A thief **broke into** my house two days ago.
이틀 전에 도둑이 우리 집에 침입했다.

☐ **put into** ~의 안에 넣다
Daniel **put** his handkerchief **into** his pocket.
다니엘은 손수건을 자신의 주머니에 넣었다.

☐ **call for** ~을 요청하다
They **called for** an apology.
그들은 사과를 요구했다.

☐ **head for** ~로 향하여 가다
We are **heading for** the beach.
우리는 해변을 향해 가고 있다.

☐ **leave for** ~을 향하여 떠나다
The bus **leaves for** Seoul at 8 a.m.
그 버스는 오전 8시에 서울을 향해 떠난다.

✎ Check-up Test

1 Did she ＿＿＿＿＿＿ ＿＿＿＿＿＿ all the exams?
그녀는 모든 시험에 통과했니?

2 Many people ＿＿＿＿＿＿ ＿＿＿＿＿＿ this road every day.
매일 많은 사람들이 이 도로를 지나간다.

3 The train ＿＿＿＿＿＿ ＿＿＿＿＿＿ New York at 5 p.m.
그 기차는 오후 5시에 뉴욕을 향해 떠난다.

4 A man ＿＿＿＿＿＿ ＿＿＿＿＿＿ an apartment.
한 남자가 어떤 아파트에 침입했었다.

5 A man was ＿＿＿＿＿＿ ＿＿＿＿＿＿ a magazine on the bench.
한 남자가 벤치에 앉아 잡지를 훑어보고 있었다.

정답 p.122 ➡

Chapter 04

Day 16
~
Day 20

Day 16

MP3 듣기 ▶

satisfy
[sǽtisfài]

동 ① 만족시키다 ② 충족시키다　　satisfactory 형 만족스러운
The movie's ending failed to satisfy audiences.
영화의 결말은 관객을 만족시키지 못했다.

---

grain
[grein]

명 ① 곡식, 곡물 ② 낟알 ③ 알갱이
The machine grinds grain into flour.
기계는 곡물을 갈아서 밀가루로 만든다.

---

meantime
[míːntàim]

부 ① 그동안에 ② 한편으로　명 그동안, 중간 시간
In the meantime the police were notified.
그러는 동안에 경찰은 통보를 받았다.

유 meanwhile
그동안에

---

tend
[tend]

동 ① ~하는 경향이 있다 ② 돌보다　　tendency 명 경향, 추세
People tend to eat more in the winter.
사람들은 겨울에 더 많이 먹는 경향이 있다.

---

notion
[nóuʃən]

명 개념, 생각
They have some pretty strange notions about religions.
그들은 종교에 대해 아주 이상한 생각을 갖고 있다.

유 concept
개념, 관념

---

settle
[sétl]

동 ① 해결하다 ② 결정하다 ③ 정착하다
She needs to settle this dispute.
그녀는 이 논쟁을 해결해야 한다.

유 resolve
해결하다

---

essential
[isénʃəl]

형 ① 필수적인 ② 본질적인　명 (주로 복수형) 필수적인 것
essence 명 본질, 정수
A knowledge of Portuguese is essential for this job.
포르투갈어를 아는 것이 이 일에 필수적이다.

---

nod
[nɑd]

동 ① 고개를 끄덕이다 ② 꾸벅꾸벅 졸다　명 ① 끄덕임 ② 졸음
Kids nodded when she asked them if they were ready.
그녀가 준비되었는지 물었을 때 아이들은 고개를 끄덕였다.

---

evolve
[ivɑ́lv]

동 진화하다, 발전하다　　evolution 명 진화, 발전
Languages can constantly evolve and change.
언어는 끊임없이 진화하고 변할 수 있다.

---

competition
[kɑ̀mpətíʃən]

명 ① 경쟁 ② 시합, 대회　　compete 동 경쟁하다
The two players are in competition with each other.
그 두 선수는 서로 경쟁하고 있다.

유 contest
시합, 대회

---

insult
[insʌ́lt]

동 모욕하다 명 모욕
He made several insults about our costumes.
그는 우리 의상에 대해 모욕감을 주었다.

유 offend
불쾌하게 하다

---

replace
[ripléis]

동 ① 대신하다, 대체하다 ② 바꾸다
replacement 명 대체, 교체
She replaced the old curtains with new ones.
그녀는 낡은 커튼을 새것으로 교체했다.

유 substitute
대신하다

---

roast
[roust]

동 (음식을 불에) 굽다, 볶다 명 구운 고기
They roasted the chicken in the oven.
그들은 오븐에 닭고기를 구웠다.

참 bake
(빵 등을) 굽다

---

gravity
[grǽvəti]

명 ① 중력(= gravitation) ② 중대함
gravitational 형 중력의
The ball will fall to the floor due to the force of gravity.
중력의 힘 때문에 공은 바닥에 떨어질 것이다.

---

favorable
[féivərəbl]

형 ① 호의적인 ② 유리한   favor 명 부탁; 호의
The new drama got many favorable reviews.
새 드라마는 많은 호의적인 평가를 받았다.

반 unfavorable
적대적인

---

ingredient
[ingríːdiənt]

명 ① 재료, 성분 ② 구성 요소
Mix all the ingredients together before you add the sauce.
소스를 넣기 전에 재료를 모두 섞어라.

유 element
요소, 성분

---

amuse
[əmjúːz]

동 즐겁게 하다   amusement 명 즐거움; 오락
His guests were not amused by his joke.
손님들은 그의 농담이 즐겁지 않았다.

유 entertain
즐겁게 하다

---

lunar
[lúːnər]

형 달의
The Chinese New Year is based on the lunar calendar.
중국의 신년은 음력에 기반을 두고 있다.

반 solar 태양의

---

yawn
[jɔːn]

동 ① 하품하다 ② (틈 · 구멍 등이) 크게 벌어지다 명 하품
They were yawning during the class.
그들은 수업 중에 하품을 하고 있었다.

---

switch
[switʃ]

명 ① 전원 스위치 ② 전환 동 ① 교환하다 ② 전환하다
No one was near the switch.
아무도 스위치 근처에 있지 않았다.

유 exchange
교환하다

Exercise

A 주어진 단어의 뜻을 영어는 우리말로, 우리말은 영어로 쓰세요.

1	grain	_____	6	~하는 경향이 있다 _____
2	notion	_____	7	대체하다, 바꾸다 _____
3	amuse	_____	8	전원 스위치, 전환 _____
4	evolve	_____	9	하품하다 _____
5	meantime	_____	10	고개를 끄덕이다 _____

B 알맞은 단어를 넣어 주어진 어구를 완성하세요.

1	_____ the request	요구를 충족하다
2	a natural _____	천연 재료
3	_____ the meat	고기를 굽다
4	_____ an argument	논쟁을 마무리 짓다
5	fierce _____	격렬한 경쟁
6	a(n) _____ response	호의적인 반응
7	zero _____	무중력
8	put up with a(n) _____	모욕을 참다
9	a(n) _____ eclipse	월식
10	a(n) _____ tool	필수적인 도구

C 알맞은 단어를 골라 문장을 완성하세요.

1 They have different (notions / insults) of good and evil.   그들은 선악에 대한 관념이 다르다.

2 Some people believe that humans (settled / evolved) from apes.   몇몇 사람들은 인간이 원숭이에서 진화했다고 믿는다.

3 Our restaurant always uses fresh (ingredients / grains).   저희 식당은 늘 신선한 재료를 사용합니다.

4 Can e-books completely (tend / replace) paper books?   전자책이 종이책을 완전히 대체할 수 있을까?

5 He (amused / nodded) in agreement.   그는 동의하며 고개를 끄덕였다.

정답 p.122 ➡

Day 17

MP3 듣기 ▶

valuable
[vǽljuəbl]

휑 ① 가치 있는, 값비싼 ② 귀중한 몡 (복수형) 귀중품
value 몡 가치, 중요성
The volunteers provided a valuable service to us.
자원봉사자들은 우리에게 소중한 봉사를 했다.

hesitate
[hézitèit]

동 망설이다, 주저하다   hesitation 몡 망설임, 주저
She hesitated about accepting the job.
그녀는 그 일자리를 받아들이는 데 망설였다.

noble
[nóubl]

휑 ① 고귀한 ② 귀족의 ③ 당당한 몡 귀족
They are a noble family related to the queen.
그들은 여왕과 관련이 있는 귀족 가문이다.

urban
[ə́ːrbən]

휑 도시의, 도심의
More than 75 percent of the population lives in urban areas. 인구의 75퍼센트 이상이 도시 지역에 산다.

반 rural 시골의

nor
[nɔːr]

웹 ~도 또한 아니다
I can speak neither French nor Spanish.
나는 프랑스어도 스페인어도 못한다.

threaten
[θrétən]

동 ① 협박하다 ② 위태롭게 하다   threat 몡 위협, 협박
Their actions threatened the security of the region.
그들의 행위는 그 지역의 안보를 위협했다.

유 menace
위협하다

moral
[mɔ́(ː)rəl]

휑 도덕의, 도덕적인 몡 도덕적 교훈
We had a moral obligation to help them.
우리는 그들을 도와야 할 도덕적인 의무가 있었다.

반 immoral
비도덕적인

code
[koud]

몡 ① 암호, 부호 ② 규칙 ③ 법규
The message was sent in code.
메시지는 암호로 보내졌다.

release
[rilíːs]

동 ① 풀어 주다 ② 발표하다, 공개하다 몡 ① 석방 ② 발표, 공개
The bird should be released into the park.
그 새는 공원에 놓아주어야 한다.

complaint
[kəmpléint]

몡 ① 불평, 불만 ② 고소(장), 고발 ③ (신체적) 통증
complain 동 불평하다; 호소하다
She has received a number of customer complaints.
그녀는 많은 고객 불만을 받았다.

intellectual
[ìntəléktʃuəl]

형 ① 지능의 ② 지적인 명 지성인
It didn't provide much intellectual stimulation.
그것은 지적 자극이 많이 되지는 않았다.

유 intelligent
지적인

---

republic
[ripʌ́blik]

명 공화국
The country became a republic in 1920.
그 나라는 1920년에 공화국이 되었다.

참 monarchy
군주제

---

rust
[rʌst]

명 (금속 표면의) 녹 동 녹이 슬다, 녹이 슬게 하다
rusty 형 녹이 슨; 낡은
We should remove all traces of rust.
우리는 모든 녹슨 흔적을 없애야 한다.

---

commonplace
[kámənplèis]

형 흔한, 주변에 널린 명 ① 흔한 것 ② 진부한 표현
It is not commonplace for people to search the Web by voice. 사람들이 음성으로 인터넷을 검색하는 것은 흔하지 않다.

---

financial
[finǽnʃəl]

형 금전의, 금융의 **financially** 부 재정적으로
The organization needs more financial assistance from the government.
그 단체는 정부로부터 더 많은 재정 지원이 필요하다.

유 monetary
금전의

---

grocery
[gróusəri]

명 ① 식료품 ② 식료 잡화점
The largest grocery store chain will be closed next month.
가장 큰 식료품점 체인이 다음 달 문을 닫을 것이다.

---

satisfaction
[sæ̀tisfǽkʃən]

명 만족, 충족 **satisfy** 동 만족시키다
The students expressed satisfaction with the results.
학생들은 결과에 만족감을 드러냈다.

유 gratification
만족

---

aboard
[əbɔ́ːrd]

부 전 (기차 · 배 · 비행기 등에) 탑승한
The train is about to leave. All aboard!
기차가 출발하려고 합니다. 모두 탑승하세요!

---

elegant
[éligənt]

형 우아한, 기품이 있는
The customer was looking for an elegant silk dress.
고객은 우아한 실크 드레스를 찾고 있었다.

유 graceful 우아한

---

tune
[tjuːn]

명 곡, 멜로디 동 ① (악기 · 기계 등을) 조율하다 ② 주파수를 맞추다
The band played a familiar tune.
밴드는 익숙한 멜로디를 연주했다.

A 주어진 단어의 뜻을 영어는 우리말로, 우리말은 영어로 쓰세요.

1 hesitate   _____

2 grocery   _____

3 satisfaction   _____

4 elegant   _____

5 republic   _____

6 ~도 또한 아니다   _____

7 협박하다   _____

8 암호, 규칙   _____

9 녹이 슬다   _____

10 흔한, 주변에 널린   _____

B 알맞은 단어를 넣어 주어진 어구를 완성하세요.

1 a(n) _____ antique   귀한 골동품

2 a(n) _____ problem   재정 문제

3 _____ life   도시의 삶

4 a(n) _____ lesson   도덕적 교훈

5 _____ a prisoner   죄수를 풀어 주다

6 a letter of _____   항의 서한

7 a child's _____ growth   아이의 지적 성장

8 go _____ the ship   배에 승선하다

9 _____ a guitar   기타를 조율하다

10 _____ birth   귀족 태생

C 알맞은 단어를 골라 문장을 완성하세요.

1 She (hesitated / released) about accepting the invitation.   그녀는 초대를 받아들일까 망설였다.

2 He got great (republic / satisfaction) from it.   그는 그것으로부터 큰 보람을 느꼈다.

3 The bank robber (threatened / rusted) the tellers with a gun.   은행 강도는 창구 직원들을 총으로 위협했다.

4 Bullying is (commonplace / valuable) in many schools.   약한 학생을 괴롭히는 것은 많은 학교에서 흔하다.

5 I went to the (aboard / grocery) store to buy vegetables.   나는 야채를 사려고 식료품점에 갔다.

정답 p.122 ➡

MP3 듣기 ▶

barrier
[bǽriər]

(명) 장벽, 장애물
The tree's roots serve as a barrier against soil erosion.
나무의 뿌리들이 토양 침식을 막는 장벽 역할을 한다.

(유) obstacle 장애물

idle
[áidl]

(형) ① 게으른 ② 한가한 ③ (기계 등이) 놀고 있는 (동) 빈둥거리다
He was idle while his boss was away.
그는 상사가 없는 동안 한가했다.

odd
[ɑd]

(형) ① 이상한 ② 이따금의 ③ 홀수의
It's very odd that she left the office early.
그녀가 일찍 사무실을 떠났다는 게 아주 이상하다.

(유) bizarre 기이한

exhaust
[igzɔ́:st]

(동) ① 고갈시키다 ② 기진맥진하게 하다 (명) ① 배기가스 ② 배기관
Running up the hill can exhaust you physically.
언덕을 뛰어 올라가는 것은 체력적으로 지칠 수 있다.

trap
[træp]

(명) 덫, 올가미 (동) ① 가두다 ② 덫으로 잡다
He put rabbit traps all over the woods.
그는 숲 전체에 토끼 덫을 놓았다.

(유) snare 덫, 올가미

violent
[váiələnt]

(형) ① 폭력적인, 난폭한 ② 격렬한 violence (명) 폭력; 격렬함
The final scene was extremely violent.
마지막 장면은 지극히 폭력적이었다.

(유) fierce 난폭한

philosophy
[filásəfi]

(명) ① 철학 ② 이념
The host of the show majored in philosophy at Yale.
프로그램의 진행자는 예일대에서 철학을 전공했다.

despite
[dispáit]

(전) ~임에도 불구하고
The situation is good, despite a few minor problems.
몇 가지 사소한 문제에도 불구하고 상황은 괜찮다.

(유) in spite of
~에도 불구하고

version
[vɔ́:rʒən]

(명) (어떤 것의 특정한) 형태, 판
The company produced several versions of the TV
commercial. 회사는 텔레비전 광고의 여러 가지 버전을 만들었다.

organize
[ɔ́:rgənàiz]

(동) ① 조직하다 ② 준비하다 ③ 정리하다
organization (명) 조직, 단체; 구성
We needed someone to help us organize our work.
우리의 일을 정리하는 데 도와줄 누군가가 필요했다.

complex
[kámpleks]

형 ① 복합적인 ② 복잡한 명 ① (건물) 단지 ② 콤플렉스, 강박 관념
complexity 명 복잡성
The building's wiring is complex.
그 건물의 배선은 복잡하다.

---

internal
[intə́ːrnəl]

형 ① 내부의 ② 체내의 ③ 국내의
The firm will conduct an internal investigation.
그 회사는 내부 조사를 실시할 것이다.

반 external 외부의

---

resident
[rézidənt]

명 ① 주민, 거주자 ② 수련 의사, 레지던트 형 거주하는
They are both residents of the same village.
그들은 둘 다 같은 마을 주민이다.

참 migratory
이주하는

---

twist
[twist]

동 ① 꼬다, 비틀다 ② 왜곡하다 ③ 삐다 명 ① 비틀기 ② 전환
Balloons were twisted into different shapes.
풍선들은 여러 가지 모양으로 비틀어졌다.

유 distort 왜곡하다

---

rubbish
[rʌ́biʃ]

명 ① 쓰레기 ② 하찮은 것
She forgot to put the rubbish out last night.
그녀는 어젯밤에 쓰레기를 내놓는 것을 잊었다.

유 trash 쓰레기

---

heritage
[héritidʒ]

명 ① 유산 ② 문화유산
They are trying to preserve their cultural heritage.
그들은 문화유산을 보존하려고 애쓰고 있다.

유 inheritance
유산

---

forecast
[fɔ́ːrkæst]

동 예보하다, 예견하다 (forecast - forecast - forecast)
명 예보, 예견
A heavy rain has been forecasted for tomorrow morning.
내일 아침에 많은 비가 예보되어 있다.

유 predict 예견하다

---

pronunciation
[prənʌ̀nsiéiʃən]

명 발음(법)   **pronounce** 동 발음하다
What is the correct pronunciation of the city?
그 도시의 정확한 발음은 뭐죠?

---

scholar
[skálər]

명 ① 학자 ② 장학생   **scholarship** 명 장학금; 학문
He's a renowned scholar of Russian history.
그는 저명한 러시아 역사학자이다.

---

punch
[pʌntʃ]

동 ① (주먹으로) 세게 치다 ② 구멍을 뚫다 명 ① 주먹질 ② 박진감
The tool punches holes in paper.
그 도구는 종이에 구멍을 뚫는다.

Exercise

A 주어진 단어의 뜻을 영어는 우리말로, 우리말은 영어로 쓰세요.

1 violent _____
2 philosophy _____
3 despite _____
4 pronunciation _____
5 scholar _____

6 형태, 판 _____
7 비틀다, 왜곡하다 _____
8 거주자, 수련 의사 _____
9 쓰레기, 하찮은 것 _____
10 세게 치다, 주먹질 _____

B 알맞은 단어를 넣어 주어진 어구를 완성하세요.

1 a language _____ 언어 장벽
2 a(n) _____ student 게으른 학생
3 a(n) _____ number 홀수
4 an industrial _____ 산업 단지
5 a world _____ 세계 유산

6 the _____ structure 내부 구조
7 _____ an event 행사를 기획하다
8 set a(n) _____ 덫을 놓다
9 a weather _____ 일기 예보
10 _____ from work 일에 지친

C 알맞은 단어를 골라 문장을 완성하세요.

1 Children are often exposed to (idle / violent) scenes on TV. 어린이들은 종종 TV 속의 폭력적인 장면에 노출된다.
2 They got married (despite / odd) the objections from both sides. 그들은 양가의 반대에도 불구하고 결혼했다.
3 He is a (rubbish / resident) of Vancouver. 그는 밴쿠버에서 살고 있다.
4 The boy (punched / exhausted) me in the face. 그 소년은 내 얼굴에 주먹을 날렸다.
5 She studied (scholar / philosophy) at college. 그녀는 대학에서 철학을 공부했다.

정답 p.122 ➡

Day 19

MP3 듣기 ▶

---

debt
[det]

⑲ ① 빚, 부채 ② 은혜를 입음

He went into debt to pay for college.
그는 대학 등록금을 내려고 빚을 졌다.

---

knot
[nɑt]

⑲ ① (실·줄의) 매듭 ② 엉킨 부분 ⑧ 매듭을 묶다

The rope was full of knots.
밧줄은 매듭으로 엉켜 있었다.

---

refresh
[rifréʃ]

⑧ ① 상쾌하게 하다 ② 새롭게 하다

A good night's sleep will refresh us.
숙면은 우리를 상쾌하게 만든다.

---

accurate
[ǽkjərət]

⑲ 정확한, 정밀한　　**accuracy** ⑲ 정확성

His novel is not historically accurate.
그의 소설은 역사적으로 정확하지 않다.

㊀ precise 정확한

---

ray
[rei]

⑲ 광선, 빛

My skin needs protection from the sun's rays.
내 피부는 태양 광선으로부터 보호가 필요하다.

㊀ beam 빔, 광선

---

admit
[ədmít]

⑧ ① 인정하다 ② 허가하다 ③ 수용하다

admission ⑲ 인정; 승인

She admitted that she is not a good singer.
그녀는 노래를 못한다는 것을 인정했다.

㊀ acknowledge
인정하다

---

injury
[índʒəri]

⑲ ① 상해, 부상 ② 손상　　**injure** ⑧ 다치게 하다

His uncle has recovered from the injury.
그의 삼촌은 부상에서 회복했다.

㊀ wound
상처, 부상

---

whatever
[hwʌtévər]

㉧ ① (~하는) 것은 무엇이든 ② 아무리 ~일지라도

They can choose whatever they like.
그들이 좋아하는 것은 무엇이든 고를 수 있다.

---

complicate
[kámpləkèit]

⑧ 복잡하게 하다　　**complicated** ⑲ 복잡한

Let's not complicate matters at the moment.
지금 문제를 복잡하게 만들지 맙시다.

㊁ simplify
단순화하다

---

interrupt
[ìntərʌ́pt]

⑧ 방해하다, 중단하다　　**interruption** ⑲ 방해, 중단

Please don't interrupt him while he's explaining.
그가 설명하는 동안에 방해하지 마세요.

㊀ intrude 방해하다

---

responsible
[rispánsəbl]

형 ① 책임이 있는 ② 원인이 되는
The chemical is directly responsible for their deaths.
그 화학 물질은 그들의 죽음에 직접적인 원인이 된다.

유 accountable
책임이 있는

---

serve
[sə:rv]

동 ① 제공하다 ② 근무하다 ③ 도움이 되다
service 명 봉사; 근무
All dishes are served with a salad.
모든 요리는 샐러드와 함께 제공된다.

---

homeless
[hóumlis]

형 집이 없는
They provided more shelters for the homeless.
그들은 노숙자들에게 더 많은 쉼터를 제공했다.

---

fossil
[fásəl]

명 ① 화석 ② 시대에 뒤진 사람
The oldest fossils date back over 500 million years.
가장 오래된 화석들은 5억년 이상 거슬러 올라간다.

---

occupation
[àkjupéiʃən]

명 ① 직업 ② 점유, 차지 ③ (군사적) 점령
occupy 동 점유하다; 점령하다
Please give your name, address, and occupation.
성함, 주소, 직업을 알려 주세요.

유 profession
직업

---

typical
[típikəl]

형 ① 전형적인 ② 일반적인
This is a typical example of Renaissance architecture.
이것이 르네상스 건축 양식의 전형적인 예이다.

유 standard
일반적인

---

proverb
[právə:rb]

명 속담, 격언
A proverb says that the longest journey begins with a
single step. 어떤 속담에 천리 길도 한 걸음부터라는 말이 있다.

유 saying 속담

---

reliable
[riláiəbl]

형 믿을 만한, 신뢰도 있는
He needs more reliable information before he can take
action.
그는 조치를 취하기 전에 더 믿을 만한 정보가 필요하다.

유 trustworthy
신뢰할 수 있는

---

routine
[ru:tí:n]

명 ① 판에 박힌 일 ② 일과 형 ① 판에 박힌 ② 일상적인
Father gets upset if family members change his routine.
아버지는 가족 구성원이 그의 일과를 바꾸어 놓으면 화를 낸다.

유 usual 평상시의

---

passive
[pǽsiv]

형 수동적인, 소극적인   passively 부 수동적으로
Watching television is a passive activity.
텔레비전을 보는 것은 수동적인 활동이다.

반 active 능동적인

Exercise

A 주어진 단어의 뜻을 영어는 우리말로, 우리말은 영어로 쓰세요.

1	passive	_____	6	(~하는) 것은 무엇이든 _____
2	accurate	_____	7	방해하다, 중단하다 _____
3	injury	_____	8	전형적인 _____
4	proverb	_____	9	직업, 점유, 차지 _____
5	reliable	_____	10	인정하다, 허가하다 _____

B 알맞은 단어를 넣어 주어진 어구를 완성하세요.

1	a dinosaur _____	공룡 화석	6	an exercise _____ 운동 순서
2	pay off _____	빚을 청산하다	7	_____ food and drink 음식을 대접하다
3	feel _____	기분이 상쾌하다	8	_____ people 노숙자들
4	a(n) _____ of light	한 줄기의 빛	9	untie a(n) _____ 매듭을 풀다
5	_____ the situation	상황을 복잡하게 하다	10	a(n) _____ employee 책임감 있는 직원

C 알맞은 단어를 골라 문장을 완성하세요.

1 In the movie, women are portrayed in (responsible / passive) roles. 그 영화에서 여자들은 수동적인 역할로 묘사된다.

2 My friend Jack is a (reliable / routine) person. 내 친구 잭은 믿을 만한 사람이다.

3 It is (accurate / typical) of you to believe that! 그 말을 믿다니 참 너답다!

4 Their conversation was (admitted / interrupted) by a phone call. 그들의 대화는 전화 때문에 끊어졌다.

5 What is your (occupation / fossil)? 당신의 직업은 무엇인가요?

정답 p.122 ⇒

govern
[gʌ́vərn]

ⓢ 통치하다, 지배하다　**government** ⓜ 정부; 정치 체제
The newly elected leader will govern the country.
새로 선출된 지도자가 그 나라를 통치할 것이다.

ⓤ control 지배하다

---

occasion
[əkéiʒən]

ⓜ ① 기회, 경우 ② 행사　**occasionally** ⓑ 이따금씩
The dress is perfect for a special occasion.
그 드레스는 특별한 행사에 적격이다.

---

temporary
[témpərèri]

ⓗ ① 일시적인 ② 임시의
Her depression is only temporary, so it'll soon pass.
그녀의 우울증은 일시적이라 곧 지나갈 것이다.

ⓑ permanent
영구적인

---

defeat
[difí:t]

ⓢ ① 패배시키다 ② 좌절시키다 ⓜ ① 패배 ② 타파
They must be ready to defeat their enemies.
그들은 적들을 패배시킬 준비를 해야 한다.

ⓤ beat
(상대편을) 이기다

---

sensitive
[sénsətiv]

ⓗ ① 민감한 ② 섬세한
The director is really sensitive to criticism.
그 감독은 비평에 정말 민감하다.

ⓒ sensible
분별력 있는

---

delight
[diláit]

ⓜ ① 기쁨 ② 기쁨을 주는 것 ⓢ 기쁘게 하다
To the delight of the children, there were enough cookies.
아이들이 기쁘게도 충분한 쿠키가 있었다.

ⓤ pleasure 기쁨

---

tidy
[táidi]

ⓗ 깔끔한, 잘 정돈된
My math teacher has always been a tidy person.
우리 수학 선생님은 항상 깔끔하신 분이다.

ⓤ neat 깔끔한

---

anxious
[ǽŋkʃəs]

ⓗ ① 걱정하는 ② 갈망하는　**anxiety** ⓜ 걱정; 갈망
Most people are anxious about the future.
대부분의 사람들은 미래에 대해 걱정한다.

ⓤ concerned
걱정하는

---

compose
[kəmpóuz]

ⓢ ① 구성하다 ② 작곡하다 ③ (마음을) 가라앉히다
composition ⓜ 구성; 작문; 작곡
The music was specially composed for the movie.
그 음악은 특별히 영화를 위해 작곡되었다.

---

invest
[invést]

ⓢ ① 투자하다 ② (시간·노력 등을) 쏟다　**investment** ⓜ 투자
Chris began investing in the stock market.
크리스는 주식 시장에 투자하기 시작했다.

---

plain
[plein]

⟨형⟩ ① 명백한 ② 솔직한 ③ 무늬 없는 ⟨명⟩ 평원
The registration form should be plain and simple.
신청서는 솔직하고 간단해야 한다.

⟨유⟩ clear 분명한

---

rubber
[rʌ́bər]

⟨명⟩ ① 고무 ② 지우개
Tyres are made of rubber.
타이어는 고무로 만든다.

---

illegal
[ilíːgəl]

⟨형⟩ 불법적인   **illegally** ⟨부⟩ 불법적으로
It is illegal for anyone under the age of 19 to drink alcohol.
19세 미만의 사람이 술을 마시면 불법이다.

⟨유⟩ unlawful
불법적인

---

wipe
[waip]

⟨동⟩ ① 문질러 닦다 ② 지우다, 없애다
Would you wipe the dishes?
그릇 좀 닦아 주시겠어요?

---

slight
[slait]

⟨형⟩ ① 약간의, 조금의 ② 사소한 ⟨동⟩ 얕보다
I've had a slight pain in my neck for about a week.
일주일 동안 목에 약간의 통증이 계속되고 있다.

⟨유⟩ trivial 사소한

---

conflict
[kánflikt]

⟨명⟩ ① 갈등 ② 분쟁 ⟨동⟩ 충돌하다, 모순되다
We're having serious conflicts over the budget.
우리는 예산에 관한 심각한 갈등을 겪고 있다.

⟨유⟩ dispute
분쟁, 논쟁

---

fragrant
[fréigrənt]

⟨형⟩ 향기로운, 달콤한
The sauce was fragrant with herbs.
소스는 허브가 들어가서 향기로웠다.

⟨유⟩ aromatic
향이 좋은

---

solar
[sóulər]

⟨형⟩ 태양의
Everything in the solar system orbits around the Sun.
태양계의 모든 것은 태양 주위를 돈다.

⟨참⟩ lunar 달의

---

rumor
[rúːmər]

⟨명⟩ 소문
There is a rumor that Amanda was cast in the film.
아만다가 그 영화에 캐스팅되었다는 소문이 있다.

⟨유⟩ gossip
소문, 가십

---

fluent
[flú(ː)ənt]

⟨형⟩ (언어 실력이) 유창한, 능숙한   **fluency** ⟨명⟩ 유창함
Peter is fluent in Korean.
피터는 한국어를 유창하게 한다.

A 주어진 단어의 뜻을 영어는 우리말로, 우리말은 영어로 쓰세요.

1 rumor _____

2 solar _____

3 illegal _____

4 fragrant _____

5 rubber _____

6 통치하다, 지배하다 _____

7 사소한, 얕보다 _____

8 기쁨, 기쁘게 하다 _____

9 걱정하는, 갈망하는 _____

10 문질러 닦다 _____

B 알맞은 단어를 넣어 주어진 어구를 완성하세요.

1 an official _____   공식 행사

2 look _____   단정해 보이다

3 _____ to light   빛에 민감한

4 a(n) _____ worker   임시직 노동자

5 a(n) _____ fabric   민무늬 천

6 _____ a symphony   교향곡을 작곡하다

7 _____ in real estate   부동산에 투자하다

8 _____ the opponent   상대편을 패배시키다

9 an armed _____   무력 충돌

10 a(n) _____ speaker   유창한 연설가

C 알맞은 단어를 골라 문장을 완성하세요.

1 There is a (slight / fluent) chance of rain.   비가 올 확률이 약간 있다.

2 (Rumor / Rubber) has it that the couple divorced.   소문에 의하면 그 커플은 이혼했다고 한다.

3 In some countries, it is (sensitive / illegal) to drink alcohol in public.   어떤 국가에서는 공공장소에서의 음주는 불법이다.

4 The universe is (governed / composed) by the laws of physics.   우주는 물리 법칙에 의해 지배된다.

5 He was (delight / anxious) to get the job.   그는 그 직장을 얻기를 간절히 희망했다.

정답 p.123 ➡

Review test

A 주어진 단어와 알맞은 뜻을 찾아 연결하세요.

1 competition •　　• 지능의　　6 heritage •　　• 일과

2 gravity •　　• 복잡하게 하다　　7 forecast •　　• 일시적인

3 valuable •　　• 시합, 대회　　8 routine •　　• 갈등, 분쟁

4 intellectual •　　• 가치 있는　　9 conflict •　　• 예보하다

5 complicate •　　• 중력　　10 temporary •　　• 유산

B 단어의 관계에 맞게 빈칸을 채우세요.

1 resolve : settle = offend : _____　　6 _____ : active = rural : urban

2 graceful : _____ = accurate : precise　　7 _____ : moral = external : internal

3 ray : beam = occupation : _____　　8 favor : favorable = essence : _____

4 _____ : trustworthy = violent : fierce　　9 _____ : anxious = fluency : fluent

5 evolve : _____ = threaten : threat　　10 _____ : govern = investment : invest

C 알맞은 단어를 넣어 문장을 완성하세요.

1 People in my family _____ to gain weight easily.　우리 가족은 쉽게 살이 찌는 경향이 있다.

2 Iron _____ if it comes in contact with air.　　철은 습기와 공기가 접촉하면 녹이 슨다.

3 We hired a party planner to _____ the party.　우리는 파티를 준비하기 위해 파티 플래너를 고용했다.

4 They wear special equipment to prevent _____.　그들은 부상을 막기 위해서 특별한 장비를 착용한다.

5 Our team _____ the opponent by 80-60.　　우리 팀이 상대 팀을 80대 60으로 이겼다.

정답 p.123➡

Vocabulary Plus

☐ **name after** ～의 이름을 따서 명명하다
Many streets are **named after** famous people.
많은 거리가 유명인들의 이름을 따서 지어졌다.

☐ **take after** ～를 닮다
Sarah doesn't **take after** her mother at all.
사라는 그녀의 어머니를 전혀 닮지 않았다.

☐ **set up** ～를 설치하다
Ted **set up** the software on his computer.
테드는 그의 컴퓨터에 소프트웨어를 설치했다.

☐ **set off** 출발하다
Bill **set off** for New York this morning.
빌은 오늘 아침에 뉴욕을 향해 떠났다.

☐ **concentrate on** ～에 집중하다
I can't **concentrate on** my homework.
나는 숙제에 집중할 수 없다.

☐ **depend on** ～에 달렸다, ～에 의지하다
I need someone to **depend on**.
나는 의지할 누군가가 필요하다.

☐ **call on** ～를 방문하다
I **called on** my grandfather last night.
나는 어젯밤에 할아버지 댁에 방문했다.

☐ **call up** ～에게 전화를 걸다
He will **call** you **up** tomorrow.
그가 내일 전화를 할 것이다.

☐ **lead to** ～로 이어지다
Eating too much ice cream can **lead to** health problems.
아이스크림을 너무 많이 먹는 것은 건강 문제로 이어질 수 있다.

☐ **turn around** (방향을) 바꾸다
Ella **turned around** and went the other way.
엘라는 방향을 바꿔서 다른 길로 갔다.

✎ Check-up Test

1 He doesn't _____ _____ his parents for money any more.
그는 더 이상 그의 부모님에게 경제적으로 의존하지 않는다.

2 He was _____ _____ his father.
그는 그의 아버지를 따라서 이름을 지었다.

3 His interest in social issues _____ _____ a career in journalism.
사회적 이슈에 대한 그의 관심은 기자의 직업으로 이어졌다.

4 I'm going to _____ _____ my aunt tomorrow.
나는 내일 이모를 뵐 예정이다.

5 Please _____ me _____ when you arrive in Seoul.
서울에 도착하거든 나에게 전화해.

정답 p.123 ➡

Chapter 05

Day 21
~
Day 25

hay
[hei]

몡 건초
Hay can be used as animal food.
건초는 동물 먹이로 쓸 수 있다.

---

parliament
[pá:rləmənt]

몡 의회, 국회
The party has a large majority in Parliament.
그 정당은 의회에서 다수를 차지한다.

㈜ congress 의회

---

marine
[mərí:n]

톙 해양의, 바다의 몡 해병대원
Marine biologists are concerned about the effects.
해양 생물학자들은 그 영향에 대해 걱정한다.

㈜ oceanic 대양의

---

unless
[ənlés]

졉 ~하지 않는다면
Unless he wants to go with me, I'm going to leave alone.
그가 나와 같이 가길 원하지 않는다면 나 혼자 갈 것이다.

---

imply
[implái]

동 ① 암시하다 ② 함축하다   implication 몡 암시; 함축
The report implied that his death was not an accident.
보고서는 그의 죽음이 사고가 아님을 암시했다.

㈜ hint 암시하다

---

via
[váiə]

젼 ① ~을 경유하여 ② ~을 통하여
She'll let them know it via one of her friends.
그녀는 자신의 친구 한 명을 통해서 그것을 그들에게 알릴 것이다.

---

demand
[dimǽnd]

동 ① 요구하다 ② 필요로 하다 몡 ① 요구 ② 수요
demanding 톙 까다로운
The company increased production to meet demand.
회사는 수요를 맞추기 위해 생산을 증가시켰다.

㈜ request
요청하다

---

overseas
[óuvərsì:z]

뷔 해외에서, 해외로 톙 해외의
They spent a lot of time studying overseas.
그들은 해외에서 공부하는 데 많은 시간을 보냈다.

㈜ abroad 해외에서

---

transfer
[trǽnsfər]

동 ① 옮기다 ② 바꾸다 ③ 넘겨주다 몡 ① 이적, 이전 ② 양도
The patient was transferred to a different hospital.
그 환자는 다른 병원으로 옮겨졌다.

㈜ shift 옮기다

---

primary
[práimeri]

톙 ① 주요한 ② 기본적인 ③ 처음의
The economy is the primary focus of the debate.
경제가 논쟁의 주목할 점이다.

㈜ chief 주요한

---

rough
[rʌf]

형 ① 거친 ② 힘든 ③ 개략적인
He had a rough day at the office.
그는 사무실에서 힘든 날을 보냈다.

유 uneven
고르지 않은

---

spray
[sprei]

명 ① 분무액, 스프레이 ② 물보라 동 분사하다
They have sprayed the area with pesticide.
그들은 그 지역에 살충제를 뿌렸다.

---

combine
[kəmbáin]

동 ① 합치다 ② 연합하다, 통합하다 명 연합체
combination 명 결합
Profits have been increasing since the two companies
combined. 두 개의 회사가 합치고 난 후 이윤이 상승해 왔다.

유 unite 결합하다

---

society
[səsáiəti]

명 ① 사회 ② 협회, 단체 ③ 어울림, 교제
social 형 사회의; 사교적인
Remember that we live in a multicultural society.
우리가 다문화 사회에 살고 있다는 것을 기억하세요.

---

saint
[seint]

명 성인(聖人), 성자
Anyone who teaches those students must be a saint.
저 학생들을 가르치는 사람은 성자임에 틀림없다.

---

concentrate
[kánsəntrèit]

동 ① 집중하다 ② 전념하다 ③ 농축하다 명 농축액
concentration 명 집중
All that noise makes it hard to concentrate.
저 모든 소음이 집중하는 것을 어렵게 한다.

유 focus 집중하다

---

traditional
[trədíʃənəl]

형 ① 전통적인 ② 구식의　traditionally 부 전통적으로
Some of the participants wore traditional costumes.
참가자들 일부가 전통 의상을 입었다.

유 conventional
관습적인

---

bay
[bei]

명 (바닷가의) 만
They sailed into a beautiful bay.
그들은 아름다운 만으로 항해했다.

참 peninsula 반도

---

specialize
[spéʃəlàiz]

동 ① 전문으로 하다 ② 특수화하다
specialization 명 전문화, 전공
The store specializes in Asian antiques.
그 상점은 아시아 골동품을 전문으로 한다.

유 major 전공하다

---

clone
[kloun]

명 ① 복제 생물, 클론 ② 복사품 동 복제하다
Scientists tried to clone animals many times.
과학자들은 여러 번 동물을 복제하려고 했다.

A 주어진 단어의 뜻을 영어는 우리말로, 우리말은 영어로 쓰세요.

1 hay   _____   6 암시하다, 함축하다 _____

2 parliament   _____   7 사회, 협회, 단체   _____

3 unless   _____   8 전통적인, 구식의   _____

4 bay   _____   9 전문으로 하다   _____

5 saint   _____   10 복제 생물, 복제하다 _____

B 알맞은 단어를 넣어 주어진 어구를 완성하세요.

1 _____ planes   비행기를 갈아타다   6 _____ on one's homework   숙제에 집중하다

2 in _____   수요가 있는   7 a(n) _____ concern   주요 관심사

3 live _____   해외에 살다   8 make a(n) _____ guess   대강 추측하다

4 _____ a shortcut   지름길을 통해서   9 _____ ecology   해양 생태계

5 _____ ingredients   재료를 섞다   10 bug _____   뿌리는 해충약

C 알맞은 단어를 골라 문장을 완성하세요.

1 That book store (transfers / specializes) in design books.   저 서점은 디자인 서적을 전문으로 취급한다.

2 This is a (traditional / marine) Mexican food.   이것은 멕시코의 전통 음식이다.

3 The United States is a multi-racial (saint / society).   미국은 다인종 사회이다.

4 His remark (clones / implies) that I am lying.   그의 말은 내가 거짓말을 하고 있다는 것을 암시한다.

5 The law was passed in (Parliament / Spray).   그 법은 국회에서 통과되었다.

정답 p.123➡

Day 22

identity
[aidéntəti]

몡 ① 정체, 신원 ② 정체성 ③ 유사성
identify 동 확인하다; 동일시하다
She had to conceal her real identity.
그녀는 자신의 진짜 정체를 숨겨야 했다.

---

scent
[sent]

몡 향기, 향내, 냄새
The dogs followed the box's scent.
개들은 상자의 향기를 쫓아갔다.

참 odor 악취

---

accompany
[əkʌ́mpəni]

동 ① 동행하다 ② 수반하다 ③ 반주를 하다
Children must be accompanied by their parents.
아이들은 부모님과 동행해야 한다.

---

minimum
[mínəməm]

몡 최소, 최저 혱 최소의
He needed a minimum of four people to play this game.
그는 이 게임을 하는 데 최소한 4명이 필요했다.

반 maximum
최대, 최고

---

agriculture
[ǽgrəkʌ̀ltʃər]

몡 ① 농업 ② 축산   agricultural 혱 농업의
Tourism has replaced agriculture as the nation's main
industry. 국가 주요 산업으로 관광업이 농업을 대체했다.

유 farming 농업

---

acknowledge
[æknɑ́lidʒ]

동 ① 인정하다 ② 확인하다 ③ 감사하다
acknowledgment 몡 승인, 인정; 감사
New employees readily acknowledged their mistakes.
신입사원들은 그들의 실수를 쉽게 인정했다.

유 admit 인정하다

---

furthermore
[fə́:rðərmɔ̀:r]

부 더욱이, 게다가
I didn't know what it was, and furthermore, I didn't care.
나는 그것이 무엇인지 몰랐고 게다가 신경 안 썼다.

유 moreover
게다가

---

concept
[kɑ́nsept]

몡 개념, 생각   conceive 동 생각하다; 상상하다
We are familiar with basic concepts of the theory.
우리는 그 이론의 기본 개념에 익숙하다.

유 notion 개념, 생각

---

distinguish
[distíŋgwiʃ]

동 구별하다, 분간하다   distinguished 혱 뚜렷한; 저명한
She has trouble distinguishing between the two of them.
그녀는 그들 둘을 구별하는 데 어려움이 있다.

유 discern
분간하다

---

romantic
[roumǽntik]

혱 ① 연애의 ② 낭만적인
Why can't she be more romantic?
왜 그녀는 더 낭만적일 수 없나?

sow
[sou]

동 ① (씨를) 뿌리다, 심다 ② (감정·생각을) 심다

The farmer will sow the seeds in the early spring.
농부는 초봄에 씨를 뿌릴 것이다.

참 seed 씨앗

---

brass
[bræs]

명 ① 놋쇠 ② 금관 악기 ③ 장교

The container was made of brass.
그 용기는 놋쇠로 만들었다.

---

satellite
[sǽtəlàit]

명 ① (행성의) 위성 ② 인공위성 형 위성의

A number of satellites are used for multiple purposes.
많은 인공위성이 다양한 목적으로 사용된다.

---

detect
[ditékt]

동 ① 발견하다, 간파하다 ② 탐지하다

detection 명 발견; 탐지

This type of cancer is difficult to detect.
이런 종류의 암은 발견하기 어렵다.

---

fury
[fjú(:)əri]

명 분노, 격노   **furious** 형 분노하는

He could see the fury in their eyes.
그는 그들의 눈에서 분노를 볼 수 있었다.

유 rage 분노, 화

---

spectacle
[spéktəkl]

명 ① 광경, 장관 ② 구경거리   **spectacular** 형 장관의, 볼만한

The fireworks were a magnificent spectacle.
불꽃놀이는 멋진 장관이었다.

---

originate
[ərídʒənèit]

동 ① 발생하다 ② 유래하다   **original** 형 원래의; 독창적인

The sound seemed to originate from his room.
그 소리는 그의 방에서 발생한 것 같았다.

---

trial
[tráiəl]

명 ① 재판 ② 시험, 시도 ③ 시련, 고난

Cold winters can be a trial for the poor.
추운 겨울은 가난한 이들에게 시련이 될 수 있다.

유 hardship 고난

---

arrogant
[ǽrəgənt]

형 거만한, 오만한

We found her arrogant and selfish.
우리는 그녀가 오만하고 이기적이라고 생각했다.

반 humble 겸손한

---

lean
[li:n]

동 ① 기울다 ② 기대다, 의지하다

A tall man is leaning against the wall.
키 큰 남자가 벽에 기대어 있다.

유 incline 기울다

Exercise

The Vocabulary

A 주어진 단어의 뜻을 영어는 우리말로, 우리말은 영어로 쓰세요.

1 spectacle   _____

2 fury   _____

3 concept   _____

4 furthermore   _____

5 agriculture   _____

6 동행하다, 수반하다   _____

7 기울다, 기대다   _____

8 놋쇠, 금관 악기   _____

9 발생하다, 유래하다   _____

10 향기, 냄새   _____

B 알맞은 단어를 넣어 주어진 어구를 완성하세요.

1 a(n) _____ relationship   사랑하는 관계

2 at the _____   최저한도로

3 _____ brain waves   뇌파를 탐지하다

4 a civil[criminal] _____   민사[형사] 재판

5 _____ one's defeat   패배를 인정하다

6 reap what you _____   뿌린대로 거두다

7 _____ broadcasting   위성 방송

8 _____ colors   색상을 구별하다

9 a(n) _____ attitude   오만한 태도

10 a(n) _____ crisis   정체성 위기

C 알맞은 단어를 골라 문장을 완성하세요.

1 This land is going to be used for (minimum / agriculture).   이 땅은 농업에 사용될 것이다.

2 The new Broadway musical was quite a (spectacle / brass).   그 새 브로드웨이 뮤지컬은 매우 볼 만했다.

3 The rain was (sowed / accompanied) by thunder and lightning.   그 비는 천둥과 번개를 동반했다.

4 Halloween (originated / leaned) in Ireland.   할로윈은 아일랜드에서 유래되었다.

5 Self-driving cars is not a new (identity / concept).   자율 주행차는 새로운 개념이 아니다.

정답 p.123 ➡

Day 23

MP3 듣기 ▶

---

manufacture
[mǽnjufǽktʃər]

동 ① 제조하다 ② (이야기 등을) 날조하다   명 제조(업), 생산
His brother works for a company that manufactures plastics. 그의 형은 플라스틱을 제조하는 회사에서 일한다.

참 assemble
조립하다

---

unit
[júːnit]

명 ① (구성의) 단위 ② 한 개 ③ 부대, 부서
The family is the basic unit of society.
가정은 사회의 기본적인 단위이다.

참 item 항목

---

caution
[kɔ́ːʃən]

명 ① 주의, 신중함 ② 경고   동 경고하다
They should act with extreme caution.
그들은 매우 신중하게 행동해야 한다.

유 warn 경고하다

---

mercy
[mə́ːrsi]

명 자비, 관용   **merciful** 형 자비로운
We begged for mercy.
우리는 자비를 애원했다.

반 cruelty 무자비

---

chemistry
[kémǝstri]

명 ① 화학 ② 화학적 성질 ③ (사람들과의) 공감대
chemical 형 화학적인
Mr. Park is a professor of chemistry.
박 교수님은 화학과 교수이다.

---

independent
[ìndipéndǝnt]

형 ① 독립한 ② 독립적인   **independence** 명 독립, 자주
Sophie is financially independent of her family.
소피는 경제적으로 집에서 독립했다.

반 dependent
종속된

---

cliff
[klif]

명 절벽, 낭떠러지
Keep away from the edge of the cliff.
절벽의 가장자리에 가까이 가지 마세요.

---

frank
[fræŋk]

형 ① 솔직한 ② 노골적인
To be frank with you, she is not the person for the job.
솔직하게 말하자면 그녀는 그 일에 맞지 않아요.

유 candid 솔직한

---

insist
[insíst]

동 ① 주장하다 ② 고집하다, 요구하다
insistent 형 고집하는, 집요한
My parents insisted the money was theirs.
부모님은 돈이 그들의 것이라고 주장하셨다.

유 assert 주장하다

---

conclusion
[kǝnklúːʒǝn]

명 ① 결론 ② 결말   **conclusive** 형 결정적인
We have not reached a conclusion about the cause of the fire. 우리는 화재 원인에 대한 결론을 내리지 못했다.

참 consequence
결과

---

disturb
[distə́:rb]

동 ① 방해하다 ② 혼란시키다　disturbance 명 방해; 불안; 소란
Don't disturb the baby when she is sleeping.
아기가 자고 있을 때 방해하지 마세요.

유 interrupt
방해하다

---

sort
[sɔ:rt]

명 종류, 유형 동 분류하다, 나누다
They were asking me all sorts of questions about music.
그들은 내게 음악에 관한 갖가지 질문을 하고 있었다.

유 classify
분류하다

---

supper
[sʌ́pər]

명 ① 저녁 식사 ② 만찬
It's almost time for supper.
저녁 먹을 시간이 거의 다 되었다.

---

dull
[dʌl]

형 ① 지루한, 따분한 ② 둔한 ③ (날이) 무딘
Her hair looks dull and lifeless.
그녀의 머리 모양은 따분하고 생기 없어 보인다.

반 sharp 날카로운

---

craft
[kræft]

명 ① 기능, 기술 ② 수공예 ③ 보트, 배
She learned the craft of weaving.
그녀는 직조 기술을 배웠다.

---

hardship
[hɑ́:rdʃip]

명 고난, 어려움
Many students are facing financial hardship.
많은 학생들은 재정적인 어려움을 겪고 있다.

유 suffering 고통

---

scan
[skæn]

동 ① 자세히 조사하다 ② 훑어보다 명 ① 훑어보기 ② 정밀 검사
The man wanted to scan the contract first.
그 남자는 먼저 계약서를 훑어보기를 원했다.

---

well-known
[welnoun]

형 잘 알려진, 유명한
The hotel is well-known for its excellent service.
그 호텔은 훌륭한 서비스로 잘 알려져 있다.

유 celebrated
유명한

---

thermometer
[θərmɑ́mitər]

명 온도계, 체온계
The thermometer reads ten degrees below zero.
온도계가 영하 10도를 가리키고 있다.

참 barometer
기압계

---

engage
[ingéidʒ]

동 ① 고용하다 ② (주의·관심을) 끌다 ③ 관여시키다
They are engaged as tutors.
그들은 개인 교사로 종사하고 있다.

Exercise

The Vocabulary

A 주어진 단어의 뜻을 영어는 우리말로, 우리말은 영어로 쓰세요.

1 mercy _____ 6 온도계, 체온계 _____

2 cliff _____ 7 주장하다, 고집하다 _____

3 frank _____ 8 종류, 분류하다 _____

4 supper _____ 9 결론, 결말 _____

5 hardship _____ 10 화학, 화학적 성질 _____

B 알맞은 단어를 넣어 주어진 어구를 완성하세요.

1 use _____ 조심하다 6 _____ computers 컴퓨터를 제조하다

2 a(n) _____ nation 독립 국가 7 a(n) _____ of length 길이의 단위

3 _____ in competition 경쟁에 참여하다 8 _____ the peace 치안을 방해하다

4 a(n) _____ writer 유명한 작가 9 a(n) _____ fair 공예품 전시회

5 _____ through a list 리스트를 훑어보다 10 a(n) _____ knife 날이 무딘 칼

C 알맞은 단어를 골라 문장을 완성하세요.

1 They showed no (caution / mercy) to their enemies. 그들은 적에게 자비심을 전혀 보이지 않았다.

2 Lily grew up without a big (hardship / supper). 릴리는 큰 어려움 없이 자랐다.

3 You should be careful not to jump to (sorts / conclusions). 너는 성급한 결론을 내리지 않도록 주의해야 한다.

4 My sister (insisted / disturbed) on wearing my new jeans. 내 여동생은 나의 새 청바지를 입겠다고 고집했다.

5 We have the extraordinary (cliff / chemistry) between us. 우리 사이에는 특별한 공감대가 있다.

정답 p.124 ➡

Day 24

scale
[skeil]

명 ① 규모 ② 등급 ③ 축적 ④ 저울
Is she aware of the scale of the problem?
그녀는 문제의 규모를 인식하고 있나요?

---

technology
[teknálədʒi]

명 ① 기술 ② 과학 기술   **technological** 형 기술적인; 과학 기술의
The company is developing innovative technologies.
회사는 혁신 기술을 개발하고 있다.

---

enable
[inéibl]

동 ① ~을 할 수 있게 하다 ② 가능하게 하다
The system enables us to access the program.
그 시스템은 우리가 프로그램에 접근할 수 있도록 한다.

반 prevent 막다

---

nonsense
[nánsèns]

명 ① 헛소리 ② 터무니없는 행동 형 터무니없는
I think the report is nonsense.
나는 그 보고서가 말도 안 된다고 생각한다.

---

likely
[láikli]

형 ① 가능성 있는 ② 그럴듯한 ③ 알맞은 부 아마도
You were regarded as a likely candidate for the job.
당신은 그 일에 적합한 후보로 간주되었다.

유 probable
있음직한

---

deserve
[dizə́:rv]

동 ~을 받을 만하다
The painter really deserved recognition.
그 화가는 정말로 인정을 받을 만했다.

유 merit
~할 가치가 있다

---

inner
[ínər]

형 ① 안쪽의, 내부의 ② 마음속의
She looked into the inner pocket of her jacket.
그녀는 재킷 안쪽 호주머니를 보았다.

반 outer 외부의

---

somehow
[sʌ́mhàu]

부 ① 어쨌든 ② 왠지
Some of the refugees managed to escape somehow.
어쨌든 일부 난민들은 가까스로 도망갈 수 있었다.

---

constant
[kánstənt]

형 ① 일정한 ② 지속적인, 끊임없는
Those people need constant supervision.
저 사람들은 지속적인 감독이 필요하다.

반 variable
변화하는

---

principle
[prínsəpl]

명 ① 원리, 원칙 ② 주의, 신념
We refused to compromise our principles.
우리는 원칙을 양보하는 것을 거부했다.

species
[spíːʃiːz]

쪵 ① (생물의) 종(種) ② 종류
The laws protect endangered species.
그 법은 멸종 위기에 처한 종들을 보호한다.

찾 family
(동식물의) 과(科)

---

miserable
[mízərəbl]

쪵 불쌍한, 비참한
The old man felt lonely and miserable.
그 노인은 외롭고 비참함을 느꼈다.

유 wretched
비참한

---

text
[tekst]

쪵 ① (책의) 본문 ② 문자, 글 ③ 교재, 교과서
texting 쪵 문자 주고받기
You can find the full text on our Web site.
우리 웹사이트에서 전문을 볼 수 있다.

---

elsewhere
[élshwɛ̀ər]

쪵 다른 곳에서
The parts are produced elsewhere.
부품은 다른 곳에서 생산된다.

찾 everywhere
어디서든지

---

sigh
[sai]

쪵 ① 한숨 쉬다 ② 한숨 쉬며 말하다 쪵 한숨
I sighed with relief when I passed the test.
나는 테스트를 통과했을 때 안도의 한숨을 쉬었다.

찾 pant
(숨을) 헐떡이다

---

wildlife
[wáildlàif]

쪵 야생 생물
The organization has been trying to protect wildlife and
their habitats.
그 단체는 야생 생물과 서식지를 보호하려고 노력해 오고 있다.

---

oxygen
[áksidʒən]

쪵 산소
Blood carries oxygen through the body.
혈액은 몸 전체에 산소를 운반한다.

찾 carbon dioxide
이산화탄소

---

stink
[stiŋk]

쪵 악취가 나다 (stink - stank - stunk) 쪵 악취
The stink of the rotten egg made me sick.
썩은 계란 냄새 때문에 속이 메스꺼웠다.

반 aroma
(좋은) 향기

---

archeology
[àːrkiálədʒi]

쪵 고고학   archaeological 쪵 고고학의
Professor Robinson is an expert on archaeology.
로빈슨 교수는 고고학 분야의 전문가이다.

---

slap
[slæp]

쪵 ① (손바닥으로) 찰싹 때리다 ② 탁 내려놓다 쪵 찰싹 때리기
The teacher slapped me on the back.
선생님이 내 등을 찰싹 때렸다.

유 smack
(손바닥으로) 때리다

A 주어진 단어의 뜻을 영어는 우리말로, 우리말은 영어로 쓰세요.

1 archeology _____
2 stink _____
3 wildlife _____
4 oxygen _____
5 elsewhere _____

6 (생물의) 종(種) _____
7 어쨌든, 왠지 _____
8 ~을 받을 만하다 _____
9 가능하게 하다 _____
10 규모, 등급 _____

B 알맞은 단어를 넣어 주어진 어구를 완성하세요.

1 send a(n) _____ 문자를 보내다
2 go against _____ 원칙을 거스르다
3 a(n) _____ speed 일정한 속력
4 _____ one's face 뺨을 때리다
5 _____ working conditions 열악한 노동 환경

6 a(n) _____ explanation 그럴듯한 설명
7 adopt new _____ 신기술을 채택하다
8 one's _____ voice 마음의 목소리
9 give a long _____ 긴 한숨을 쉬다
10 talk _____ 허튼 소리를 하다

C 알맞은 단어를 골라 문장을 완성하세요.

1 (Text / Wildlife) is thriving in the Korean Demilitarized Zone. 야생 생물은 한국의 비무장지대에서 번성하고 있다.
2 This is a very rare (species / oxygen) of ants. 이것은 매우 희귀한 개미종이다.
3 Laura has to finish this homework (somehow / elsewhere). 로라는 어쨌든 이 숙제를 끝내야 한다.
4 The soccer team really (deserves / enables) the trophy. 그 축구팀은 진정으로 트로피를 받을 자격이 있다.
5 The meeting was held on a grand (stink / scale). 그 모임은 대규모로 열렸다.

정답 p.124➡

Day 25

MP3 듣기 ▶

tax
[tæks]

명 세금 동 세금을 부과하다
We are taxed according to our income.
우리는 소득에 따라 세금을 부과 받는다.

참 customs 관세

---

access
[ǽkses]

명 ① 접근 ② 이용성 동 ~에 접근하다
accessible 형 접근하기 쉬운; 이용하기 쉬운
He doesn't have access to this document.
그는 이 문서에 접근하지 못한다.

유 approach 접근

---

ordinary
[ɔ́:rdənèri]

형 ① 보통의, 일상의 ② 평범한
It was just an ordinary Sunday morning.
그저 평범한 일요일 아침이었다.

유 average 평범한

---

miner
[máinər]

명 광부   mine 명 광산
All her brothers became miners.
그녀의 모든 남자 형제들은 광부가 되었다.

---

latter
[lǽtər]

형 ① (둘 중에서) 후자의 ② 후반의, 나중의
The latter half of the movie was more interesting.
영화의 나머지 뒷부분이 더 재미있었다.

반 former 전자의

---

reject
[ridʒékt]

동 거절하다, 거부하다   rejection 명 거절, 거부
The committee rejected their proposal right away.
위원회는 그들의 제안을 바로 거절했다.

유 refuse 거절하다

---

comfort
[kʌ́mfərt]

명 ① 위로, 위안 ② 편안, 안락 동 위로하다
comfortable 형 편안한
The seats are designed for comfort.
좌석들은 안락하게 디자인되었다.

유 console
위로하다

---

district
[dístrikt]

명 지구, 지역
The schools in the district continue to perform badly.
그 학군의 학교들은 계속해서 학업 성취도가 좋지 않다.

유 section 구역

---

establish
[istǽbliʃ]

동 ① 설립하다 ② (법률 등을) 제정하다 ③ 확립하다
The foundation was established in 1973.
그 재단은 1973년에 설립되었다.

유 found 설립하다

---

prior
[práiər]

형 ① (시간 · 순서) 전의, 먼저의 ② 우선하는
The job requires prior experience in accounting.
그 일은 회계 분야의 경력을 요구한다.

유 previous 이전의

spin
[spin]

동 ① 회전하다, 회전시키다 ② (실로) 잣다 (spin- spun- spun)
명 회전, 돌기
They are spinning in circles.
그들은 원을 이루며 돌고 있다.

유 revolve
회전하다

---

framework
[fréimwə̀:rk]

명 ① 뼈대, 틀 ② 체제, 조직
An iron framework surrounds the sculpture.
철골이 그 조각품을 둘러싸고 있다.

유 structure
구조, 구성

---

crew
[kru:]

명 ① 승무원 ② (공동 작업의) 조, 반
A construction crew began work on the house.
건설 작업반이 집 공사를 시작했다.

---

persuade
[pərswéid]

동 설득하다   persuasive 형 설득력 있는
His parents persuaded him to go back to school.
그의 부모님은 그가 학교로 돌아가도록 설득했다.

유 convince
설득하다

---

humidity
[hju:mídəti]

명 습도, 습기   humid 형 습한
Next week will be hot with high humidity.
다음 주는 덥고 습도가 높을 것이다.

유 moisture 습기

---

panic
[pǽnik]

명 ① 공황 ② 공포 동 공황에 빠지다
Panic spread quickly through the country.
공포는 나라 전체에 재빠르게 퍼졌다.

유 horror 공포

---

worship
[wə́:rʃip]

동 ① (신을) 숭배하다 ② 예배하다 명 ① 숭배 ② 예배
Each tribe worshipped different gods.
각 부족은 다른 신을 숭배했다.

유 revere 숭배하다

---

statue
[stǽtʃu:]

명 동상, 조각상
The statue represents peace and liberty.
그 조각상은 평화와 자유를 나타낸다.

---

besides
[bisáidz]

부 게다가, 그리고 또 전 ~이외에
He's not ready to get married yet. Besides, he enjoys
living alone.
그는 아직 결혼할 준비가 되어 있지 않다. 게다가 혼자 사는 것을 즐긴다.

참 beside ~ 옆에

---

pulse
[pʌls]

명 ① 맥박 ② 진동, 파동 동 맥박이 치다
The nurse took his pulse.
간호사가 그의 맥박을 쟀다.

유 throb 고동치다

Exercise

A 주어진 단어의 뜻을 영어는 우리말로, 우리말은 영어로 쓰세요.

1 statue _____

2 humidity _____

3 district _____

4 persuade _____

5 miner _____

6 접근, 이용성 _____

7 게다가, 그리고 또 _____

8 승무원 _____

9 뼈대, 체제, 조직 _____

10 후자의, 나중의 _____

B 알맞은 단어를 넣어 주어진 어구를 완성하세요.

1 measure _____ rate   맥박수를 재다

2 _____ the sun   태양을 숭배하다

3 make one's head _____   헷갈리게 만들다

4 without _____ notice   사전 통보 없이

5 on _____ days   평일에는

6 _____ a bill   법안을 거절하다

7 _____ a school   학교를 세우다

8 _____ a crying child   우는 아이를 위로하다

9 raise _____   세금을 올리다

10 be in a(n) _____   공황 상태에 빠진

C 알맞은 단어를 골라 문장을 완성하세요.

1 We have Internet (miner / access) at the library.   도서관에서 인터넷 이용이 가능하다.

2 The (humidity / statue) is expected to be low today.   오늘은 습도가 낮을 것으로 예상된다.

3 He (established / persuaded) Jack to join the baseball team.   그는 잭이 야구팀에 가입하도록 설득했다.

4 The workers are setting up the (framework / pulse) of a house.   노동자들은 집의 뼈대를 세우고 있다.

5 This place is the biggest shopping (comfort / district) in Seoul.   이곳은 서울에서 제일 큰 상점가이다.

정답 p.124 ➡

A 주어진 단어와 알맞은 뜻을 찾아 연결하세요.

1	concentrate ·	· 인정하다	6	independent ·	· 독립한
2	specialize ·	· 집중하다	7	constant ·	· 보통의
3	acknowledge ·	· 구별하다	8	nonsense ·	· 설립하다
4	distinguish ·	· 제조하다	9	ordinary ·	· 헛소리
5	manufacture ·	· 특수화하다	10	establish ·	· 지속적인

B 단어의 관계에 맞게 빈칸을 채우세요.

1 marine : _____ = primary : chief

2 transfer : shift = _____ : unite

3 _____ : congress = trial : hardship

4 _____ : lean = caution : warn

5 humble : _____ = sharp : dull

6 aroma : stink = mercy : _____

7 inner : outer = minimum : _____

8 humidity : humid = _____ : chemical

9 disturb : _____ = imply : implication

10 society : social = fury : _____

C 알맞은 단어를 넣어 문장을 완성하세요.

1 They _____ that the mayor resign.　　그들은 시장에게 사임할 것을 요구했다.

2 Teenagers want to establish their own _____.　　10대들은 자신의 정체성을 확립하고자 한다.

3 The _____ says it's 30 degrees Celsius outside.　　온도계에 따르면 바깥은 섭씨 30도이다.

4 This book contains 400 pages of _____.　　이 책은 400페이지의 본문으로 되어 있다.

5 She thinks the _____ part will be long.　　그녀는 후반부가 길 것으로 생각한다.

정답 p.124➡

Vocabulary Plus

☐ **can't help -ing**
~하지 않을 수 없다

I **can't help thinking** about her.
나는 그녀에 대해 생각하지 않을 수 없다.

☐ **keep on -ing** 계속 ~하다

My father **kept on reading** the newspaper.
우리 아버지는 계속 신문을 읽으셨다.

☐ **look forward to -ing**
~을 고대하다, 기대하다

Brian **looks forward to visiting** Paris.
브라이언은 파리 방문을 고대한다.

☐ **prevent ~ from ~**
방해하여 못하게 하다

My son **prevented** me **from** sleeping.
나의 아들은 내가 잠을 못 자게 했다.

☐ **remind A of B**
A에게 B를 회상하게 하다

He **reminds** me **of** my grandfather.
그는 나에게 우리 할아버지를 회상하게 한다.

☐ **generally speaking**
일반적으로 말해서

Generally speaking, the Japanese are very reserved.
일반적으로 말해서, 일본인들은 속내를 잘 드러내지 않는다.

☐ **frankly speaking**
솔직히 말해서

Frankly speaking, I'm not good at math.
솔직히 말해서, 나는 수학을 못한다.

☐ **be busy -ing** ~하느라 바쁘다

She **is busy taking** care of her children.
그녀는 아이들을 보살피느라 바쁘다.

☐ **be busy with** ~로 붐비다

The beach **was busy with** many people.
해변은 많은 사람들로 붐볐다.

☐ **be well known for**
~로 잘 알려져 있다

Eric **is well known for** his songs.
에릭은 그의 노래로 잘 알려져 있다.

✎ Check-up Test

1 I _____ _____ _____ seeing my cousin.
나는 나의 사촌을 만나는 것을 기대한다.

2 This picture _____ me _____ my hometown.
이 사진은 나에게 내 고향을 회상하게 한다.

3 _____ _____, I can't eat pickles.
솔직히 말해서, 나는 오이를 먹지 못한다.

4 The road _____ _____ _____ many cars.
도로는 많은 차들로 붐빈다.

5 Da Vinci is _____ _____ _____ his beautiful paintings.
다빈치는 그의 아름다운 그림들로 잘 알려져 있다.

정답 p.125 ➡

Chapter 06

Day 26
~
Day 30

Day 26

MP3 듣기 ▶

---

beneath
[biní:θ]

전 ① ~아래에 ② ~보다 못하여 	부 아래에
He hid the document beneath a pile of reports.
그는 보고서 더미 아래에 서류를 숨겼다.

반 above ~위에

---

unify
[jú:nəfài]

동 통합하다 	unification 명 결합, 통일
The young leader seeks to unify the country.
그 젊은 지도자는 나라를 통합하려고 한다.

유 unite 결합하다

---

fate
[feit]

명 운명, 숙명 	fated 형 ~할 운명인
Her fate is in the hands of the jury.
그녀의 운명은 배심원의 손에 달렸다.

유 destiny 운명

---

rational
[ræʃənəl]

형 ① 합리적인 ② 이성적인
I need more information to make a rational decision.
나는 합리적인 결정을 내리기 위해 더 많은 정보가 필요하다.

반 irrational
비이성적인

---

orient
[ɔ́:riənt]

명 동양 	형 동쪽의
동 ① ~을 (목적 · 성향에) 맞추다 ② ~에 적응시키다
This course is oriented towards reading.
이 과목은 읽기에 맞춰져 있다.

유 adapt
적응시키다

---

throughout
[θru(:)áut]

전 ① ~의 도처에 ② ~동안 내내 	부 ① 도처에 ② 종일, 내내
They remained in Taiwan throughout the 1990s.
그들은 1990년대 내내 대만에 남아 있었다.

---

force
[fɔːrs]

명 ① 힘 ② 폭력 ③ 효력, 시행 	동 강요하다, 억지로 ~하게 하다
He discouraged the use of force.
그는 무력 사용을 못하게 했다.

유 compel
강요하다

---

transform
[trænsfɔ́:rm]

동 변형시키다 	transformation 명 변형
She completely transformed the interior of the office.
그녀는 사무실의 내부를 완전히 바꿔 놓았다.

유 convert
변화시키다

---

disabled
[diséibld]

형 ① 장애가 있는 ② 불구의 	명 (집합적) 장애인들
The disabled man was unable to climb the stairs.
그 장애인은 계단을 오를 수가 없었다.

유 handicapped
장애가 있는

---

consume
[kənsjú:m]

동 ① (돈 · 시간 · 자원을) 소비하다 ② 섭취하다
consumption 명 소비(량)
The new air conditioner consumes less electricity.
새 에어컨은 전기가 덜 든다.

유 spend 소비하다

---

prime [praim]	휑 ① 가장 중요한 ② 최고의 ③ 기본적인 몡 전성기 The main office is in a prime location in the city. 본사는 그 도시에서 최고의 위치에 있다.	윤 supreme 최고의
spot [spɑt]	몡 ① 장소 ② 얼룩, 점 동 ① 발견하다 ② 얼룩을 남기다 He noticed some red spots on his arms. 그는 팔에 있는 빨간 점 몇 개를 발견했다.	윤 stain 얼룩, 오염
whenever [ʰwenévər]	쩝 ~이면 언제든, ~할 때마다 Whenever he feels tired, he eats dried fruits. 그는 피곤할 때마다 말린 과일을 먹는다.	챰 wherever 어디든지
currency [kə́:rənsi]	몡 ① 화폐, 통화 ② 유통, 보급 A new currency has been introduced. 새로운 화폐가 도입되었다.	
sneeze [sni:z]	동 재채기하다 몡 재채기 My grandfather was constantly sneezing. 우리 할아버지는 계속 재채기를 하셨다.	챰 cough 기침하다
wrinkle [ríŋkl]	몡 주름 동 ① 주름지다 ② 주름을 잡다 If she doesn't pack the dress carefully, it will wrinkle. 그녀가 그 옷을 조심스럽게 싸지 않으면, 그 옷은 주름질 것이다.	
strengthen [stréŋkθən]	동 강화하다 strength 몡 힘; 강점 This country must strengthen its national defense. 이 나라는 국방력을 강화해야 한다.	반 weaken 약화하다
hence [hens]	휑 ① 그러므로, 따라서 ② 이후에, 앞으로 Hence, the candidate could not win the election. 따라서 그 후보자는 선거에서 이길 수가 없었다.	윤 thus 따라서
biology [baiálədʒi]	몡 ① 생물학 ② (동물의) 생리 작용 biological 휑 생물학의 Jake didn't want to take biology class. 제이크는 생물학 수업을 듣고 싶어 하지 않았다.	
notable [nóutəbl]	휑 ① 주목할 만한 ② 유명한 note 동 주목하다 There were a few notable exceptions. 몇 가지 주목할 만한 예외가 있었다.	윤 remarkable 눈에 띄는

A 주어진 단어의 뜻을 영어는 우리말로, 우리말은 영어로 쓰세요.

1 unify　＿＿＿＿＿＿＿＿＿＿

2 fate　＿＿＿＿＿＿＿＿＿＿

3 rational　＿＿＿＿＿＿＿＿＿＿

4 transform　＿＿＿＿＿＿＿＿＿＿

5 sneeze　＿＿＿＿＿＿＿＿＿＿

6 ～아래에　＿＿＿＿＿＿＿＿＿＿

7 ～할 때마다　＿＿＿＿＿＿＿＿＿＿

8 그러므로, 따라서　＿＿＿＿＿＿＿＿＿＿

9 소비하다, 섭취하다　＿＿＿＿＿＿＿＿＿＿

10 생물학, 생리 작용　＿＿＿＿＿＿＿＿＿＿

B 알맞은 단어를 넣어 주어진 어구를 완성하세요.

1 the ＿＿＿＿＿＿ tea　　동양의 차

2 ＿＿＿＿＿＿ the world　　세계 곳곳에

3 a(n) ＿＿＿＿＿＿ cause　　주요 원인

4 by ＿＿＿＿＿＿　　힘으로, 완력으로

5 learning ＿＿＿＿＿＿ children　　학습 장애 아동

6 ＿＿＿＿＿＿ bonds　　유대를 강화하다

7 a foreign ＿＿＿＿＿＿　　외화, 외국 돈

8 ＿＿＿＿＿＿ a fake　　가짜를 발견하다

9 a(n) ＿＿＿＿＿＿ feature　　주목할 만한 특징

10 smooth out ＿＿＿＿＿＿　　(옷의) 주름을 펴다

C 알맞은 단어를 골라 문장을 완성하세요.

1 My old car (sneezes / consumes) a lot of fuel.　　나의 오래된 차는 연료를 많이 소비한다.

2 They have to accept their (fate / spot).　　그들은 자신들의 운명을 받아들여야 한다.

3 That house will be (wrinkled / transformed) into a museum.　　저 집은 박물관으로 바뀔 것이다.

4 His painting (unifies / orients) traditional and modern styles.　　그의 그림은 전통과 현대적인 양식을 결합한다.

5 Humans are (disabled / rational) beings.　　인간은 이성적 존재이다.

정답 p.125➡

Day 27

MP3 듣기 ▶

humble
[hʌ́mbl]

(형) ① 겸손한 ② 미천한 (동) 겸허하게 만들다
Please accept my humble apologies.
저의 겸허한 사과를 받아 주세요.

(반) conceited
거만한

---

vary
[vέ(:)əri]

(동) ① 각각 다르다 ② 바뀌다, 변화하다　　**various** (형) 다양한
The rooms at the hotel vary in size.
호텔의 방은 크기가 다양하다.

---

rural
[rú(:)ərəl]

(형) 시골의
The old couple lived in a rural area.
그 노부부는 시골에 살았다.

(반) urban 도시의

---

permit
[pə́:rmit]

(동) ① 허락하다 ② 가능하게 하다 (명) 허가(증)
You cannot carry a gun without a permit.
허가 없이는 총기를 소지할 수 없다.

(반) ban 금지하다

---

agent
[éidʒənt]

(명) ① 대리인, 중개인 ② 스파이 ③ 매개체
We contacted an agent to sell our house.
우리는 집을 팔기 위해 중개인에게 연락했다.

---

moreover
[mɔːróuvər]

(부) 게다가, 더욱이
Moreover, house prices will sharply increase.
게다가, 주택 가격은 급격히 오를 것이다.

(유) besides 게다가

---

declare
[diklέər]

(동) ① 선언하다 ② (과세품 등을) 신고하다
declaration (명) 선언; 신고
She failed to declare all of her purchases.
그녀는 구입품 모두를 신고하지 못했다.

(유) proclaim
선언하다

---

weed
[wiːd]

(명) 잡초 (동) 잡초를 뽑다
The field was filled with overgrown weeds.
들판은 제멋대로 자란 잡초로 가득했다.

---

possess
[pəzés]

(동) ① 소유하다 ② (능력·성격 등을) 갖추다
Do the animals possess the ability to communicate?
그 동물들은 의사소통할 능력이 있나요?

(유) own 소유하다

---

oral
[ɔ́(:)rəl]

(형) ① 입의 ② 구두의
You must pass the oral examination to get credit.
학점을 얻으려면 구두시험을 통과해야 한다.

(유) verbal 구두의

squeeze
[skwiːz]

동 ① 꽉 잡다 ② (즙을) 짜다 ③ 쑤셔 넣다
She squeezed some cream onto her hand.
그녀는 손에 크림을 짰다.

altogether
[ɔ̀ːltəgéðər]

부 ① 완전히, 전부 ② 모두 합해서
The problem seemed to be ignored altogether.
그 문제는 완전히 무시된 것 같았다.

유 completely
완전히

inward
[ínwərd]

형 ① 안쪽의, 내부의 ② 마음속의
They moved towards the inward room quickly.
그들은 재빨리 안쪽 방으로 옮겼다.

반 outward 외부의

dairy
[dɛ́(ː)əri]

명 ① 낙농장 ② 낙농업 형 유제품의
Are you allergic to anything dairy?
유제품에 알레르기가 있나요?

imaginary
[imǽdʒənèri]

형 상상의, 가공의
The equator is just an imaginary line.
적도는 그저 상상의 선이다.

참 imaginative
상상력이 풍부한

passion
[pǽʃən]

명 ① 열정 ② 욕정 　 passionate 형 열정적인
His performance is full of passion.
그의 공연은 열정으로 가득하다.

유 zeal 열의, 열성

span
[spæn]

명 ① 기간 ② 폭, 범위 동 (기간·범위에) 걸치다
The small bridge spans the pond.
그 작은 다리는 연못에 걸쳐 있다.

contain
[kəntéin]

동 ① 포함하다, 함유하다 ② (감정을) 억제하다
The book contains information on how to study foreign
languages. 그 책은 외국어를 공부하는 방법에 관한 정보를 담고 있다.

유 include
포함하다

profession
[prəféʃən]

명 ① 직업, 직종 ② 고백, 공언 　 professional 형 직업의; 전문의
He is a plumber by profession.
그의 직업은 배관공이다.

유 occupation
직업

stale
[steil]

형 ① (음식이) 신선하지 않은 ② 진부한
Wrap the bread up or it'll go stale.
빵을 싸놓지 않으면 딱딱해질 것이다.

반 fresh 신선한

Exercise

The Vocabulary

A 주어진 단어의 뜻을 영어는 우리말로, 우리말은 영어로 쓰세요.

1 oral   _____

2 imaginary   _____

3 altogether   _____

4 rural   _____

5 inward   _____

6 각각 다르다   _____

7 선언하다   _____

8 허락하다   _____

9 게다가, 더욱이   _____

10 직업, 직종   _____

B 알맞은 단어를 넣어 주어진 어구를 완성하세요.

1 a travel _____   여행사 직원

2 pull _____   잡초를 뽑다

3 _____ a keen wit   날카로운 기지를 갖추다

4 _____ one's anger   화를 억제하다

5 the _____ industry   낙농업

6 a(n) _____ for singing   노래에 대한 열정

7 a(n) _____ attitude   겸손한 태도

8 _____ jokes   진부한 농담

9 an attention _____   주의 집중 시간

10 _____ one's fingers   손가락을 꽉 쥐다

C 알맞은 단어를 골라 문장을 완성하세요.

1 A(n) (oral / rural) agreement will be enough.   구두 동의면 충분할 것이다.

2 Dragons and unicorns are (humble / imaginary) animals.   용과 유니콘은 상상의 동물이다.

3 The government (declared / possessed) a state of emergency.   정부는 비상사태를 선언했다.

4 Airline fees (contain / vary) depending on the time of your flight.   비행기 요금은 비행 시기에 따라 다양하다.

5 Smoking is not (permitted / squeezed) in this building.   흡연은 이 건물에서 허락되지 않습니다.

정답 p.125 ➡

Day 28

colleague
[káli:g]

  ⓜ 동료, 동업자
A colleague of mine will provide equipment.
내 동료 중 한 명이 장비를 제공할 것이다.

ⓨ coworker 동료

---

academic
[ækədémik]

  ⓗ ① 학업의 ② 학문적인 ③ 이론적인
academy ⓜ 학원, 학교
Her academic performance is above the average.
그녀의 학업 성적은 평균 이상이다.

ⓨ scholastic
학업의

---

guarantee
[gærəntí:]

  ⓜ ① 보증 ② 보증서 ⓥ 보증하다, 보장하다
You guaranteed that he would be paid on time.
당신은 그가 제때에 지불 보수를 받게 될 것이라고 보장했다.

ⓨ warrant
보증하다

---

secure
[sikjúər]

  ⓗ ① 안전한 ② (매듭 등이) 단단한 ⓥ ① 보호하다 ② 확보하다
security ⓜ 안전; 보안
They are now entering a secure area.
그들은 이제 안전한 지역으로 들어간다.

ⓨ firm 단단한

---

bunch
[bʌnʧ]

  ⓜ 송이, 다발, 묶음 ⓥ ① 모으다 ② 한 무리가 되다
She is holding a bunch of dried herbs.
그녀는 말린 허브를 한 다발 들고 있다.

ⓨ bundle 묶음

---

phrase
[freiz]

  ⓜ ① [문법] 구 ② 구절, 문구 ③ [음악] 악구
Underline the key phrases in the paragraph after reading
them. 그것들을 읽고 단락에서 핵심 구절에 줄을 그으세요.

---

realistic
[rì(:)əlístik]

  ⓗ ① 현실적인 ② 사실적인
It's not realistic to expect him to help you.
그가 당신을 도와 주리라 기대하는 것은 현실적이지 않다.

ⓑ unrealistic
비현실적인

---

suburb
[sʌ́bə:rb]

  ⓜ (도시 주변의) 교외, 근교   **suburban** ⓗ 교외의
They will move to the suburbs someday.
그들은 언젠가 교외로 이사 갈 것이다.

---

fancy
[fǽnsi]

  ⓗ ① 화려한 ② 고급의 ⓜ ① 공상 ② 바람 ⓥ 상상하다
My math teacher drives a big, fancy car.
우리 수학 선생님은 큰 고급 차를 운전한다.

---

involve
[inválv]

  ⓥ ① 연루시키다 ② 수반하다 ③ 몰두하다
involvement ⓜ 관련, 관계; 열중
He is not involved in the crime.
그는 그 범죄에 연루되지 않았다.

ⓨ associate
관련시키다

---

profit
[práfit]

명 이익, 이득 동 ① 이익을 얻다 ② 이익이 되다
He doesn't expect a huge profit from the sale.
그는 그 판매에서 큰 이익을 기대하지 않는다.

반 loss 손해

---

standard
[stǽndərd]

명 기준, 표준, 척도 형 ① 표준적인 ② 일반적인
It complies with medical standards.
그것은 의료 기준에 부합한다.

유 criterion 기준

---

relieve
[rilí:v]

동 ① 완화시키다 ② 구제하다, 구원하다   relief 명 완화; 구조
I took some medicine to relieve the pain.
나는 통증을 줄이기 위해 약을 좀 먹었다.

---

arch
[ɑːrtʃ]

명 아치형 구조물, 아치형 장식
We were standing under the arch of the bridge.
우리는 다리 아치 아래에 서 있었다.

참 archery 궁술

---

onto
[ántə]

전 ① ~의 위에 ② ~을 알고
A tree fell onto the stage.
나무 한 그루가 무대 위에 떨어졌다.

---

stitch
[stitʃ]

명 바늘땀 동 (바느질로) 꿰매어 깁다
His cut required four stitches.
그가 베인 상처에 4바늘을 꿰매야 했다.

---

infamous
[ínfəməs]

형 악명 높은
The city is infamous for poverty and crime.
그 도시는 가난과 범죄로 악명이 높다.

유 notorious
악명 높은

---

pharmacy
[fáːrməsi]

명 ① 약국 ② 약학, 조제술
There used to be a pharmacy at the corner.
모퉁이에 약국이 있었다.

---

breeze
[briːz]

명 산들바람, 순풍
There will be quite a fresh breeze tomorrow.
내일 꽤 신선한 산들바람이 불 것이다.

---

naked
[néikid]

형 ① 벌거벗은 ② 육안의 ③ 적나라한
They were half naked and jumped into the pool.
그들은 반쯤 벗고 수영장에 뛰어들었다.

유 bare 벌거벗은

Exercise

The Vocabulary

A 주어진 단어의 뜻을 영어는 우리말로, 우리말은 영어로 쓰세요.

1 realistic _____

2 colleague _____

3 onto _____

4 suburb _____

5 breeze _____

6 보증(서), 보증하다 _____

7 구절, 문구 _____

8 아치형 구조물 _____

9 연루시키다 _____

10 약국, 조제술 _____

B 알맞은 단어를 넣어 주어진 어구를 완성하세요.

1 a(n) _____ education   학문 교육

2 a(n) _____ restaurant   고급 식당

3 _____ wound   상처를 봉합하다

4 _____ a ticket   표를 확보하다

5 _____ stress   스트레스를 완화하다

6 a(n) _____ of flowers   꽃 한 다발

7 make a(n) _____   이익을 거두다

8 below _____   기준보다 떨어지는

9 a(n) _____ criminal   악명 높은 범죄자

10 the _____ truth   적나라한 진실

C 알맞은 단어를 골라 문장을 완성하세요.

1 She is very (fancy / realistic) in every matter.   그녀는 매사에 매우 현실적이다.

2 A (colleague / pharmacy) of mine is getting married this weekend.   내 동료 중 하나가 이번 주말에 결혼한다.

3 Frank grew up in a (suburb / breeze) of London.   프랭크는 런던 근교에서 자랐다.

4 Their independence is (relieved / guaranteed) by law.   그들의 독립은 법으로 보장된다.

5 Many people are (involved / stitched) in this matter.   많은 사람들이 이 문제에 연루되어 있다.

정답 p.125 ➡

108

Day 29

superstition
[sùːpərstíʃən]

명 미신　　**superstitious** 형 미신적인
He didn't believe in the old superstition.
그는 오래된 미신을 믿지 않았다.

capable
[kéipəbl]

형 ① 유능한 ② 능력 있는 ③ ~을 할 수 있는
capability 명 능력; 가능성
Mr. Baker is a capable reporter.
베이커 씨는 유능한 기자이다.

surf
[səːrf]

명 파도 동 ① 파도를 타다 ② 인터넷을 검색하다
They spent hours just surfing the Internet.
그들은 그저 인터넷을 검색하면서 몇 시간을 보냈다.

hollow
[hálou]

형 ① 속이 빈 ② 공허한 ③ 움푹 꺼진
These tree trunks were completely hollow.
이들 나무 몸통들은 완전히 비었다.

유 vacant 비어 있는

immigrate
[íməgrèit]

동 이민을 오다, ~로 이주하다　　**immigration** 명 이민, 이주
Her whole family immigrated to Malaysia.
그녀의 가족 모두가 말레이시아로 이민을 왔다.

참 emigrate
이민 가다

context
[kántekst]

명 ① 문맥, 맥락 ② 상황
I guessed the meaning of the word from the context.
나는 문맥을 통해 단어의 의미를 추측했다.

separate
[sépərèit]

동 나누다, 분리하다 형 ① 분리된 ② 개별적인
The museums are in two separate buildings.
박물관은 두 개의 분리된 건물에 있다.

반 combine
결합하다

civilization
[sìvəlizéiʃən]

명 ① 문명 ② 문명사회　　**civilize** 동 문명화하다, 교화하다
The visitors longed to get back to civilization.
그 방문객들은 문명사회로 돌아가길 갈망했다.

regard
[rigáːrd]

동 ① 간주하다 ② ~에 주의를 기울이다 명 ① 존경 ② 관심
His teachers always regarded him as a genius.
그의 선생님들은 항상 그를 천재로 여겼다.

유 consider
~이라고 여기다

progress
[prágres]

명 ① 진행 ② 진보, 발달 동 ① 전진하다 ② 발전하다
There has not been much progress on the project.
그 프로젝트에 대해 진전이 많이 없었다.

유 advance 전진

determine
[ditə́:rmin]

동 ① 결정하다 ② 결심하다 ③ 알아내다
determination 명 결정; 결심
The prices are determined by the market.
가격은 시장에 의해 결정된다.

---

tribe
[traib]

명 ① 부족, 종족 ② 집단　　**tribal** 형 부족의
We have studied some tribes from Mexico to Maine.
우리는 멕시코에서 메인 주까지의 부족 몇 개를 연구했다.

---

arise
[əráiz]

동 발생하다, 나타나다 (arise - arose - arisen)
A conflict arose because of a petty misunderstanding.
갈등은 사소한 오해 때문에 발생했다.

유 emerge
나타나다

---

paw
[pɔ:]

명 (동물의) 발　동 발로 긁다
Their front paws are black.
그들의 앞발은 검은색이다.

---

stare
[stɛər]

동 응시하다, 노려보다　명 응시
Carl just stared at the stars.
칼은 그냥 별을 응시했다.

유 gaze 응시하다

---

destination
[dèstənéiʃən]

명 목적지, 도착지
The package reached its destination three days later.
소포는 3일 후에 목적지에 도착했다.

참 destiny
운명, 숙명

---

infant
[ínfənt]

명 유아, 젖먹이　형 ① 유아의 ② 초기의
infancy 명 유아기; 초기
This booklet gives advice about feeding infants.
이 책자는 유아 젖먹이기에 관해 조언을 준다.

---

utilize
[jú:təlàiz]

동 이용하다, 활용하다　　**utilization** 명 이용, 활용
We had to utilize all the tools.
우리는 모든 도구를 활용해야 했다.

유 exploit 이용하다

---

suicide
[sjú:əsàid]

명 ① 자살 ② 자살자
There was a suicide in this building last week.
이 건물에서 지난주 자살이 한 건 있었다.

참 homicide 살인

---

telescope
[téləskòup]

명 망원경
The rings of Saturn were seen through a telescope.
토성의 고리가 망원경을 통해 보였다.

참 binoculars
쌍안경

A 주어진 단어의 뜻을 영어는 우리말로, 우리말은 영어로 쓰세요.

1 utilize _____

2 tribe _____

3 telescope _____

4 destination _____

5 superstition _____

6 유아, 초기의 _____

7 발생하다, 나타나다 _____

8 (동물의) 발 _____

9 문맥, 맥락, 상황 _____

10 응시하다, 노려보다 _____

B 알맞은 단어를 넣어 주어진 어구를 완성하세요.

1 a(n) _____ log   속이 빈 통나무

2 _____ the fighters   싸우는 사람을 떼어놓다

3 modern _____   현대 문명

4 make _____   발전하다

5 attempt _____   자살을 시도하다

6 a(n) _____ lawyer   유능한 변호사

7 have a high _____   깊이 존경하다

8 learn to _____   파도타기를 배우다

9 _____ to Canada   캐나다로 이민가다

10 _____ to leave   떠나기로 결심하다

C 알맞은 단어를 골라 문장을 완성하세요.

1 We don't know how to (regard / utilize) this information.   우리는 이 정보를 어떻게 활용할지 모른다.

2 Many people (stare / paw) at computer screens all day.   많은 사람들이 컴퓨터 화면을 하루 종일 응시한다.

3 Venice is a popular tourist (superstition / destination).   베니스는 인기 있는 여행지이다.

4 The same problem will (arise / separate) again.   똑같은 문제가 다시 일어날 것이다.

5 He was seriously ill when he was a(n) (surf / infant).   그는 갓난아기였을 때 매우 아팠다.

정답 p.125 ➡

Day 30

decade
[dékeid]

⑲ 10년간
The bridge was built a decade ago.
다리는 10년 전에 지어졌다.

---

ignore
[ignɔ́:r]

⑧ ① 무시하다 ② 못 본 척하다 ③ 간과하다
ignorance ⑲ 무지, 무식
They continued to ignore the problem.
그들은 그 문제를 계속 무시했다.

---

vertical
[və́:rtikəl]

⑱ 수직의 ⑲ 수직선　**vertically** ⑭ 수직으로
He is wearing a shirt with vertical stripes.
그는 세로 줄무늬가 있는 셔츠를 입고 있다.

⑲ horizontal
수평의

---

launch
[lɔ:ntʃ]

⑧ ① 발사하다 ② (배를) 물에 띄우다 ③ 시작하다
⑲ ① 발사 ② 개시
She's trying to launch a new career as a writer.
그녀는 작가로서 새 일을 시작하려고 한다.

---

chief
[tʃi:f]

⑲ 우두머리, 장 ⑱ ① 주요한 ② 최고의
He is the chief engineer on this project.
그가 이 프로젝트의 수석 엔지니어이다.

⑨ main 주된

---

democracy
[dimákrəsi]

⑲ ① 민주주의 ② 민주 국가　**democratic** ⑱ 민주적인
I think freedom of the press is vital to a democracy.
나는 언론의 자유가 민주주의의 핵심이라고 생각한다.

---

owe
[ou]

⑧ ① (돈을) 빚지다 ② 은혜를 입고 있다
He owed me a lot of money.
그는 나에게 많은 돈을 빚졌다.

---

widow
[wídou]

⑲ 과부, 미망인
There once was a beautiful widow who had a cute baby.
귀여운 아기를 한 명 두고 있던 아름다운 미망인이 있었다.

⑲ widower 홀아비

---

content
[kántent]

⑲ ① 내용(물) ② 목차 ③ 용량 ⑱ 만족하는 ⑧ 만족시키다
Her husband would be content with a modest income.
그녀의 남편은 적당한 소득에 만족할 것이다.

---

promote
[prəmóut]

⑧ ① 승진시키다 ② 촉진하다 ③ 홍보하다
promotion ⑲ 승진; 촉진; 홍보
They are currently promoting their new album.
그들은 현재 새 앨범을 홍보하고 있다.

status
[stéitəs]

몡 ① 지위, 신분 ② 상황, 상태
They were given refugee status by the government.
그들은 정부로부터 난민 지위를 받았다.

윤 rank 계급, 지위

---

aside
[əsáid]

뮈 ① 옆으로 ② 별도로 하고
He took her aside to speak to her privately.
그는 사적으로 얘기하려고 그녀를 옆으로 데리고 갔다.

---

priest
[pri:st]

몡 성직자, 목사, 신부
The Catholic Church still bans women priests.
천주교는 아직 여자 신부를 금하고 있다.

윤 minister
성직자, 목사

---

eventually
[ivéntʃuəli]

뮈 결국, 마침내
We are sure that they'll return to work eventually.
우리는 그들이 결국 회사로 돌아올 것을 확신한다.

윤 finally 마침내

---

whip
[hwip]

몡 채찍 통 ① 채찍질하다 ② 휘저어 거품을 내다
The old man lashed the horse with his long whip.
그 노인은 긴 채찍으로 말을 후려쳤다.

---

tomb
[tu:m]

몡 무덤
The team studies treasures found in tombs.
그 팀은 무덤에서 발견된 보물들을 연구한다.

윤 grave 무덤, 묘

---

suitable
[sú:təbl]

혱 적합한, 적절한
This movie is not suitable for young children.
이 영화는 어린이에게 적절하지 않다.

윤 appropriate
적절한

---

leap
[li:p]

통 ① 뛰어오르다 ② 급등하다 (leap - leapt - leapt)
몡 ① 도약 ② 급등
Sales have leapt 31% this quarter.
이번 분기에 판매가 31퍼센트 급등했다.

윤 bounce
뛰어오르다

---

casual
[kǽʒuəl]

혱 ① 우연한 ② 평상시의 ③ 무심코 한
James bought some casual clothes yesterday.
제임스는 어제 평상복 몇 벌을 샀다.

윤 accidental
우연한

---

merit
[mérit]

몡 ① 장점 ② 가치 통 ~을 받을 만하다
Her work has no literary merit.
그녀의 작품은 문학적인 장점이 전혀 없다.

윤 advantage
장점

A 주어진 단어의 뜻을 영어는 우리말로, 우리말은 영어로 쓰세요.

1	decade _____	6	무시하다, 간과하다 _____
2	suitable _____	7	빚지다 _____
3	eventually _____	8	성직자, 목사, 신부 _____
4	widow _____	9	민주주의, 민주 국가 _____
5	tomb _____	10	우두머리, 주요한 _____

B 알맞은 단어를 넣어 주어진 어구를 완성하세요.

1	_____the award	수상의 자격이 있다	6	_____to one's feet	벌떡 일어서다
2	harmful_____	해로운 내용	7	a(n)_____meeting	우연한 만남
3	social_____	사회적 지위	8	_____a rocket	로켓을 발사하다
4	_____new products	새 제품을 홍보하다	9	a(n)_____social order	수직적인 사회 질서
5	_____the cream	크림을 휘젓다	10	step_____	비켜서다

C 알맞은 단어를 골라 문장을 완성하세요.

1 The drought in the region lasted for a (tomb / decade). 그 지역의 가뭄은 10년 동안 지속되었다.

2 They fought for (democracy / content) for a long time. 그들은 오랜 시간 동안 민주주의를 위해 싸웠다.

3 When did she become a (merit / widow)? 그녀는 언제 미망인이 되었나요?

4 They (ignored / whipped) her warnings. 그들은 그녀의 경고를 무시했다.

5 I (owe / launch) you an apology. 나는 너에게 사과해야 할 게 있어.

정답 p.126 ➡

A 주어진 단어와 알맞은 뜻을 찾아 연결하세요.

1	strengthen ·	· 소유하다	6	standard ·	· 유능한
2	currency ·	· 강화하다	7	capable ·	· 이민을 오다
3	possess ·	· 학업의	8	immigrate ·	· 발사하다
4	contain ·	· 포함하다	9	launch ·	· 승진시키다
5	academic ·	· 화폐, 통화	10	promote ·	· 기준, 표준

B 단어의 관계에 맞게 빈칸을 채우세요.

1 consider : regard = _____ : arise   6 conceited : humble = _____ : realistic

2 merit : _____ = grave : tomb   7 permit : ban = _____ : combine

3 chief : _____ = oral : verbal   8 vary : _____ = note : notable

4 beneath : above = inward : _____   9 passion : _____ = tribe : tribal

5 _____ : rational = stale : fresh   10 fate : fated = biology : _____

C 알맞은 단어를 넣어 문장을 완성하세요.

1 The executive was _____ to resign.   그 임원은 사임하도록 강요받았다.

2 She told them another story _____.   그녀는 그들에게 완전히 다른 이야기를 했다.

3 The country has been _____ from tourism.   그 나라는 관광업으로 이익을 보고 있다.

4 They _____ to sell their own house.   그들은 그들의 집을 팔기로 결정했다.

5 That jacket is not _____ for formal occasions.   저 외투는 의례를 갖춘 행사에는 부적절하다.

정답 p.126 ➡

115

Vocabulary Plus

☐ **as soon as** ~하자마자
I'll let you know **as soon as** I make a decision.
내가 결정을 하자마자 당신에게 알려드리겠습니다.

☐ **at first** 처음에는, 최초로
At first, he didn't believe the news.
처음에, 그는 그 소식을 믿지 않았다.

☐ **at the same time** 동시에
Some bad things happened **at the same time**.
나쁜 일들이 동시에 일어났다.

☐ **for a long time** 오랫동안
I've known her **for a long time**.
나는 그녀를 오랫동안 알아 왔다.

☐ **for a moment** 잠시 동안
Can I speak to you **for a moment**?
내가 잠시 동안 너와 이야기할 수 있을까?

☐ **for example** 예를 들면
For example, he helped a lot of poor people.
예를 들면, 그는 많은 가난한 사람들을 도왔다.

☐ **in danger** 위험에 처한
Millions of children in the world are **in danger** of starvation.
세계의 수백만 명의 아이들이 기아의 위험에 처해있다.

☐ **in fact** 사실은
In fact, Mr. Brown is not a writer.
사실, 브라운 씨가 작가가 아니다.

☐ **in line** 줄을 서서
Many people waited **in line** to buy tickets for the concert.
많은 사람들이 콘서트 표를 사기 위해 줄을 서서 기다렸다.

☐ **instead of** ~대신에
Mr. Moore chose coffee **instead of** tea.
무어 씨는 차 대신 커피를 선택했다.

Check-up Test

1 I will call you _____ _____ _____ I finish my homework.
나는 숙제를 마치자마자 너에게 전화할 것이다.

2 _____ _____, I couldn't understand what he was saying.
처음에, 나는 그가 말하는 것을 이해할 수 없었다.

3 They haven't been to the movie theater _____ a _____ _____.
그들은 오랫동안 영화관에 가지 않았다.

4 _____ _____, Erica doesn't have a car.
사실, 에리카는 차를 가지고 있지 않다.

5 I emailed him _____ _____ making a phone call.
나는 전화하는 대신 그에게 이메일을 썼다.

정답 p.126 ➡

Answers

Answers 정답

Chapter 01

Day 01 Exercise   p.12

A

1 선구자, 개척자   2 주의하다, 조심하다
3 동의하지 않다   4 사건, 사고
5 방어하다, 지키다   6 none
7 due   8 pronounce
9 fuel   10 inspire

B

1 demonstrate   2 dense
3 pursue   4 economic
5 exhibit   6 bullet
7 shave   8 appeal
9 labor   10 bare

C

1 due   2 Beware
3 None   4 defended
5 inspired

Day 02 Exercise   p.15

A

1 공학   2 다양한, 가지각색의
3 폭발하다, 터지다   4 가파른, 급격한
5 뒤에, 나중에   6 outfit
7 narrative   8 embassy
9 maximum   10 calculate

B

1 insurance   2 flexible
3 tone   4 innocent
5 discount   6 property
7 efficient   8 nuclear
9 rare   10 surgery

C

1 diverse   2 exploded
3 steep   4 maximum
5 calculate

Day 03 Exercise   p.18

A

1 축축한, 습기 있는   2 먹이, 희생자
3 단서, 실마리   4 복수의

5 이혼   6 suspicious
7 nevertheless   8 alike
9 drown   10 otherwise

B

1 gradual   2 refer
3 fee   4 screen
5 appoint   6 export
7 straws   8 cemetery
9 secondhand   10 preach

C

1 clue   2 divorce
3 alike   4 suspicious
5 prey

Day 04 Exercise   p.21

A

1 본사, 본부   2 바느질하다, 꿰매다
3 접근하다, 접근   4 겁주다, 위협하다
5 둘러싸다, 에워싸다   6 priceless
7 relate   8 desire
9 organ   10 upward

B

1 passage   2 reasonable
3 continuous   4 crime
5 purchase   6 convenience
7 donate   8 sleeve
9 symptom   10 eager

C

1 headquarters   2 priceless
3 surrounded   4 relate
5 organs

Day 05 Exercise   p.24

A

1 범위, 영역   2 그러므로, 따라서
3 줄다, 감소하다   4 바닷가, 강가, 해안
5 판형, 구성, 형식   6 series
7 contrast   8 sting
9 betray   10 climax

B

1 generate   2 legal
3 wire   4 browse

5 sincere   6 duty
7 pension   8 utility
9 drain   10 former

C

1 range   2 shrink
3 format   4 sting
5 climax

Day 01~05 Review Test   p.25

A

1 입증하다   2 빽빽한
3 효율적인   4 유연한
5 임명하다   6 수출하다
7 합리적인   8 구입하다
9 연금   10 대강 훑어보다

B

1 demonstrate   2 graveyard
3 symptom   4 defend
5 minimum   6 innocent
7 explosion   8 suspicion
9 convenience   10 appointment

C

1 incident   2 afterward
3 gradual   4 desires
5 contrasts

Day 01~05 Vocabulary Plus   p.26

Check-up Test

1 carried, out   2 hold, off
3 showed, off   4 holding, up
5 broke, out

Chapter 02

Day 06 Exercise   p.30

A

1 손수건   2 꾸짖다, 혼내다
3 가시   4 눈에 보이는
5 ~임에 비하여   6 arrange

7 expose   8 gamble
9 literate   10 thoughtful

B

1 dump   2 rank
3 raw   4 infect
5 fake   6 strike
7 restore   8 ultimate
9 wound   10 gossip

C

1 scolded   2 arranged
3 visible   4 exposed
5 thoughtful

Day 07 Exercise   p.33

A

1 구호, 슬로건, 표어   2 외부의, 외면적인
3 (침을) 뱉다   4 물리학
5 영수증   6 ideal
7 unite   8 feast
9 sprain   10 rake

B

1 mass   2 senior
3 aggressive   4 annual
5 arrested   6 patrol
7 struggle   8 ease
9 youth   10 tragic

C

1 spit   2 external
3 receipt   4 unite
5 ideal

Day 08 Exercise   p.36

A

1 절, 단락, 문단   2 유죄의
3 지역, 지방   4 장치, 기구
5 기다, 기어가다   6 vomit
7 worldwide   8 pupil
9 sudden   10 claim

B

1 necessity   2 beyond
3 tender   4 thorough
5 artificial   6 addict

7 tradition 8 extreme
9 upgrade 10 peel
C
1 region 2 creeping
3 devices 4 claims
5 vomit

Day 09 Exercise p.39

A
1 의기소침한, 우울한 2 선박, 그릇, 혈관
3 어느 쪽도 ~ 아니다 4 위원회, 회의, 의회
5 (한 쌍의) 짝, 배우자 6 suffer
7 impact 8 antique
9 pump 10 grip
B
1 objective 2 vehicle
3 violate 4 shelter
5 evidence 6 aspect
7 instance 8 appearance
9 tropical 10 frown
C
1 suffers 2 depressed
3 impact 4 neither
5 gripped

Day 10 Exercise p.42

A
1 동맹, 연맹 2 좋아하는
3 정치적인 4 기꺼이 ~하는
5 눌러 부수다, 으깨다 6 quarrel
7 broad 8 supply
9 cattle 10 bore
B
1 pale 2 trunk
3 assign 4 boom
5 pill 6 Memorial
7 sole 8 toward
9 voyage 10 category
C
1 league 2 willing
3 cattle 4 quarrel
5 supply

Day 06~10 Review Test p.43

A
1 감염시키다 2 읽고 쓸 줄 아는
3 공격적인 4 분투하다
5 필요성 6 중독자
7 목적, 목표 8 증거, 흔적
9 할당하다 10 기념비
B
1 injury 2 thoughtful
3 demand 4 invisible
5 internal 6 subjective
7 illiterate 8 ultimately
9 appearance 10 traditional
C
1 infected 2 youth
3 guilty 4 antiques
5 crushed

Day 06~10 Vocabulary Plus p.44

Check-up Test
1 stop(drop), by 2 pass, by
3 stood, by 4 close, down
5 knocked, down

Chapter 03

Day 11 Exercise p.48

A
1 부족한, 드문 2 굴뚝
3 석탄 4 예측하다, 예언하다
5 종교 6 barely
7 evil 8 sniff
9 twilight 10 clumsy
B
1 mend 2 suspect
3 whistle 4 aptitude
5 splash 6 charm
7 plot 8 informal
9 attract 10 decline

C

1 predicted   2 scarce
3 religion   4 barely
5 sniffed

Day 12 Exercise p.51

A

1 운하, 수로   2 기법, 기술
3 강조하다   4 의존하다, 믿다
5 미리, 사전에   6 ashore
7 guideline   8 avenue
9 tense   10 oppose

B

1 carve   2 disgrace
3 swallow   4 relative
5 outstanding   6 delicate
7 preserve   8 underwear
9 commute   10 despair

C

1 technique   2 emphasized
3 tense   4 opposes
5 guidelines

Day 13 Exercise p.54

A

1 노예   2 의상, 복장
3 탁아소, 육아실   4 남다, 머무르다
5 압력, 압박   6 aware
7 rarely   8 biography
9 tide   10 acceptable

B

1 fasten   2 incredible
3 pearl   4 define
5 facility   6 destiny
7 remote   8 estimate
9 swear   10 latest

C

1 slaves   2 remain
3 pressure   4 acceptable
5 biography

Day 14 Exercise p.57

A

1 욕심, 탐욕   2 행동하다, 처신하다
3 동료   4 화물, 짐
5 시민, 주민   6 sweat
7 murder   8 advance
9 rather   10 haste

B

1 extinct   2 probable
3 remarkable   4 awkward
5 crisis   6 detective
7 vocation   8 column
9 myth   10 literature

C

1 greed   2 behave
3 citizens   4 advanced
5 rather

Day 15 Exercise p.60

A

1 뚜껑, 눈꺼풀   2 점토, 찰흙
3 요인, 요소   4 가르치다, 지시하다
5 행복, 안녕, 복지   6 decay
7 recent   8 devote
9 sweep   10 remind

B

1 manual   2 tragedy
3 commerce   4 ripe
5 foul   6 glow
7 imaginative   8 unknown
9 household   10 screw

C

1 devoted   2 remind
3 instructed   4 sweeping
5 factors

Day 11~15 Review Test p.61

A

1 감소하다   2 매력
3 보호하다   4 절망, 좌절
5 엄청난   6 추정하다
7 놀라운   8 어색한
9 불행, 비극   10 상업

B

1 hardly	2 emphasize
3 nervous	4 colleague
5 plentiful	6 ignorant
7 carve	8 probably
9 reliable	10 commercial

C

1 evil	2 ashore
3 tide	4 cargo
5 decay	

Check-up Test

1 get, through	2 pass, through
3 leaves, for	4 broke, into
5 looking, through	

Chapter 04

A

1 곡식, 낟알, 알갱이	2 개념, 생각
3 즐겁게 하다	4 진화하다, 발전하다
5 그동안에	6 tend
7 replace	8 switch
9 yawn	10 nod

B

1 satisfy	2 ingredient
3 roast	4 settle
5 competition	6 favorable
7 gravity	8 insult
9 lunar	10 essential

C

1 notions	2 evolved
3 ingredients	4 replace
5 nodded	

A

1 망설이다, 주저하다	2 식료품, 식료 잡화점
3 만족, 충족	4 우아한, 기품이 있는
5 공화국	6 nor
7 threaten	8 code
9 rust	10 commonplace

B

1 valuable	2 financial
3 urban	4 moral
5 release	6 complaint
7 intellectual	8 aboard
9 tune	10 noble

C

1 hesitated	2 satisfaction
3 threatened	4 commonplace
5 grocery	

A

1 폭력적인, 격렬한	2 철학, 이념
3 ~임에도 불구하고	4 발음(법)
5 학자, 장학생	6 version
7 twist	8 resident
9 rubbish	10 punch

B

1 barrier	2 idle
3 odd	4 complex
5 heritage	6 internal
7 organize	8 trap
9 forecast	10 exhausted

C

1 violent	2 despite
3 resident	4 punched
5 philosophy	

A

1 수동적인, 소극적인	2 정확한, 정밀한
3 상해, 부상, 손상	4 속담, 격언
5 믿을 만한, 신뢰도 있는	6 whatever
7 interrupt	8 typical
9 occupation	10 admit

B

1 fossil	2 debts
3 refreshed	4 ray
5 complicate	6 routine
7 serve	8 homeless
9 knot	10 responsible

C

1 passive	2 reliable
3 typical	4 interrupted
5 occupation	

Day 20 Exercise   p.78

A

1 소문	2 태양의
3 불법적인	4 향기로운, 달콤한
5 고무, 지우개	6 govern
7 slight	8 delight
9 anxious	10 wipe

B

1 occasion	2 tidy
3 sensitive	4 temporary
5 plain	6 compose
7 invest	8 defeat
9 conflict	10 fluent

C

1 slight	2 Rumor
3 illegal	4 governed
5 anxious	

Day 16~20 Review Test   p.79

A

1 시합, 대회	2 중력
3 가치 있는	4 지능의
5 복잡하게 하다	6 유산
7 예보하다	8 일과
9 갈등, 분쟁	10 일시적인

B

1 insult	2 elegant
3 profession	4 reliable
5 evolution	6 passive
7 immoral	8 essential
9 anxiety	10 government

C

1 tend	2 rusts
3 organize	4 injury
5 defeated	

Day 16~20 Vocabulary Plus   p.80

Check-up Test

1 depend, on	2 named, after
3 led, to	4 call, on
5 call, up	

Chapter 05

Day 21 Exercise   p.84

A

1 건초	2 의회, 국회
3 ~하지 않는다면	4 (바닷가의) 만
5 성인(聖人), 성자	6 imply
7 society	8 traditional
9 specialize	10 clone

B

1 transfer	2 demand
3 overseas	4 via
5 combine	6 concentrate
7 primary	8 rough
9 marine	10 spray

C

1 specializes	2 traditional
3 society	4 implies
5 Parliament	

Day 22 Exercise   p.87

A

1 장관, 구경거리	2 분노, 격노
3 개념, 생각	4 더욱이, 게다가
5 농업, 축산	6 accompany
7 lean	8 brass
9 originate	10 scent

B

1 romantic	2 minimum
3 detect	4 trial
5 acknowledge	6 sow
7 satellite	8 distinguish
9 arrogant	10 identity

C

1 agriculture	2 spectacle
3 accompanied	4 originated
5 concept	

Day 23 Exercise p.90

A

1 자비, 관용	2 절벽, 낭떠러지
3 솔직한, 노골적인	4 저녁 식사, 만찬
5 고난, 어려움	6 thermometer
7 insist	8 sort
9 conclusion	10 chemistry

B

1 caution	2 independent
3 engage	4 well-known
5 scan	6 manufacture
7 unit	8 disturb
9 craft	10 dull

C

1 mercy	2 hardship
3 conclusions	4 insisted
5 chemistry	

Day 24 Exercise p.93

A

1 고고학	2 악취가 나다, 악취
3 야생 생물	4 산소
5 다른 곳에서	6 species
7 somehow	8 deserve
9 enable	10 scale

B

1 text	2 principle
3 constant	4 slap
5 miserable	6 likely
7 technology	8 inner
9 sigh	10 nonsense

C

1 Wildlife	2 species
3 somehow	4 deserves
5 scale	

Day 25 Exercise p.96

A

1 동상, 조각상	2 습도, 습기
3 지구, 지역	4 설득하다
5 광부	6 access
7 besides	8 crew
9 framework	10 latter

B

1 pulse	2 worship
3 spin	4 prior
5 ordinary	6 reject
7 establish	8 comfort
9 taxes	10 panic

C

1 access	2 humidity
3 persuaded	4 framework
5 district	

Day 21~25 Review Test p.97

A

1 집중하다	2 특수화하다
3 인정하다	4 구별하다
5 제조하다	6 독립한
7 지속적인	8 헛소리
9 보통의	10 설립하다

B

1 oceanic	2 combine
3 parliament	4 incline
5 arrogant	6 cruelty
7 maximum	8 chemistry
9 disturbance	10 furious

C

1 demanded	2 identity
3 thermometer	4 text
5 latter	

Check-up Test
1 look, forward, to
2 reminds, of
3 Frankly, speaking
4 is, busy, with
5 well, known, for

Chapter 06

Day **26** **Exercise** p.102

A
1 통합하다
2 운명, 숙명
3 합리적인, 이성적인
4 변형시키다
5 재채기하다, 재채기
6 beneath
7 whenever
8 hence
9 consume
10 biology

B
1 orient
2 throughout
3 prime
4 force
5 disabled
6 strengthen
7 currency
8 spot
9 notable
10 wrinkles

C
1 consumes
2 fate
3 transformed
4 unifies
5 rational

Day **27** **Exercise** p.105

A
1 입의, 구두의
2 상상의, 가공의
3 완전히, 모두 합해서
4 시골의
5 내부의, 마음속의
6 vary
7 declare
8 permit
9 moreover
10 profession

B
1 agent
2 weeds
3 possess
4 contain
5 dairy
6 passion
7 humble
8 stale
9 span
10 squeeze

C
1 oral
2 imaginary
3 declared
4 vary
5 permitted

Day **28** **Exercise** p.108

A
1 현실적인, 사실적인
2 동료, 동업자
3 ~의 위에, ~을 알고
4 교외, 근교
5 산들바람, 순풍
6 guarantee
7 phrase
8 arch
9 involve
10 pharmacy

B
1 academic
2 fancy
3 stitch
4 secure
5 relieve
6 bunch
7 profit
8 standard
9 infamous
10 naked

C
1 realistic
2 colleague
3 suburb
4 guaranteed
5 involved

Day **29** **Exercise** p.111

A
1 이용하다, 활용하다
2 부족, 종족, 집단
3 망원경
4 목적지, 도착지
5 미신
6 infant
7 arise
8 paw
9 context
10 stare

B
1 hollow
2 separate
3 civilization
4 progress
5 suicide
6 capable
7 regard
8 surf
9 immigrate
10 determine

C
1 utilize
2 stare
3 destination
4 arise
5 infant

A

1 10년간   2 적합한, 적절한
3 결국, 마침내   4 과부, 미망인
5 무덤   6 ignore
7 owe   8 priest
9 democracy   10 chief

B

1 merit   2 content
3 status   4 promote
5 whip   6 leap
7 casual   8 launch
9 vertical   10 aside

C

1 decade   2 democracy
3 widow   4 ignored
5 owe

A

1 강화하다   2 화폐, 통화
3 소유하다   4 포함하다
5 학업의   6 기준, 표준
7 유능한   8 이민을 오다
9 발사하다   10 승진시키다

B

1 emerge   2 advantage
3 main   4 outward
5 irrational   6 unrealistic
7 separate   8 various
9 passionate   10 biological

C

1 forced   2 altogether
3 profiting   4 determined
5 suitable

Check-up Test

1 as, soon, as   2 At, first
3 for, long, time   4 In, fact
5 instead, of

Index

Index

이것이 THIS IS 시리즈다!

THIS IS GRAMMAR 시리즈

▷ 중·고등 내신에 꼭 등장하는 어법 포인트 분석 및 총정리

강남인강
강의교재

THIS IS READING 시리즈

▷ 다양한 소재의 지문으로 내신 및 수능 완벽 대비

강남인강
강의교재

THIS IS VOCABULARY 시리즈

▷ 주제별로 분류한 교육부 권장 어휘

THIS IS 시리즈

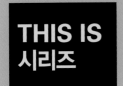

무료 MP3 및 부가자료 다운로드
www.nexusbook.com
www.nexusEDU.kr

THIS IS GRAMMAR 시리즈
Starter 1~3   영어교육연구소 지음 | 205×265 | 144쪽 | 각 권 12,000원
초·중·고급 1·2   넥서스영어교육연구소 지음 | 205×265 | 250쪽 내외 | 각 권 12,000원

THIS IS READING 시리즈
Starter 1~3   김태연 지음 | 205×265 | 156쪽 | 각 권 12,000원
1·2·3·4   넥서스영어교육연구소 지음 | 205×265 | 192쪽 내외 | 10,000원~13,000원

THIS IS VOCABULARY 시리즈
입문   넥서스영어교육연구소 지음 | 152×225 | 224쪽 | 10,000원
초·중·고급·어원편 권기하 지음 | 152×225 | 180×257 | 344쪽~444쪽 | 10,000원~12,000원
수능 완성   넥서스영어교육연구소 지음 | 152×225 | 280쪽 | 12,000원
뉴텝스   넥서스 TEPS연구소 지음 | 152×225 | 452쪽 | 13,800원

LEVEL CHART

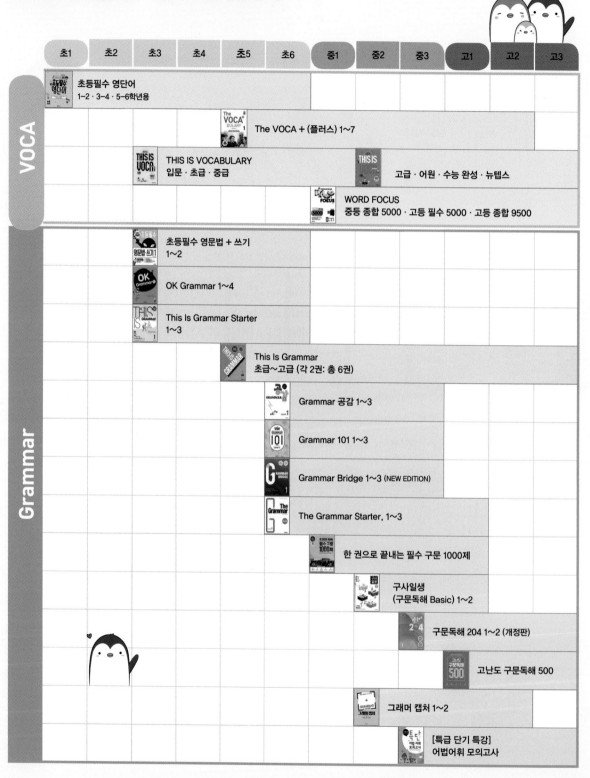

	초1	초2	초3	초4	초5	초6	중1	중2	중3	고1	고2	고3
VOCA												
	초등필수 영단어 1-2·3-4·5-6학년용											
					The VOCA + (플러스) 1~7							
			THIS IS VOCABULARY 입문·초급·중급						고급·어원·수능 완성·뉴텝스			
						WORD FOCUS 중등 종합 5000·고등 필수 5000·고등 종합 9500						
Grammar												
			초등필수 영문법 + 쓰기 1~2									
			OK Grammar 1~4									
			This Is Grammar Starter 1~3									
				This Is Grammar 초급~고급 (각 2권: 총 6권)								
						Grammar 공감 1~3						
						Grammar 101 1~3						
						Grammar Bridge 1~3 (NEW EDITION)						
						The Grammar Starter, 1~3						
							한 권으로 끝내는 필수 구문 1000제					
							구사일생 (구문독해 Basic) 1~2					
								구문독해 204 1~2 (개정판)				
									고난도 구문독해 500			
							그래머 캡처 1~2					
								[특급 단기 특강] 어법어휘 모의고사				

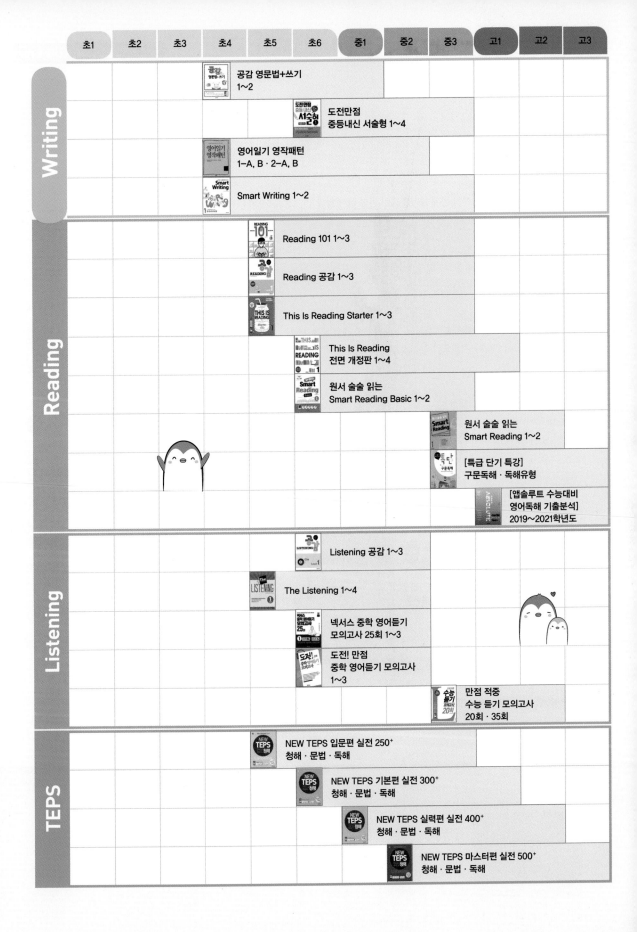

초1	초2	초3	초4	초5	초6	중1	중2	중3	고1	고2	고3

Writing

공감 영문법+쓰기 1~2

도전만점 중등내신 서술형 1~4

영어일기 영작패턴 1-A, B · 2-A, B

Smart Writing 1~2

Reading

Reading 101 1~3

Reading 공감 1~3

This Is Reading Starter 1~3

This Is Reading 전면 개정판 1~4

원서 술술 읽는 Smart Reading Basic 1~2

원서 술술 읽는 Smart Reading 1~2

[특급 단기 특강] 구문독해 · 독해유형

[앱솔루트 수능대비 영어독해 기출분석] 2019~2021학년도

Listening

Listening 공감 1~3

The Listening 1~4

넥서스 중학 영어듣기 모의고사 25회 1~3

도전! 만점 중학 영어듣기 모의고사 1~3

만점 적중 수능 듣기 모의고사 20회 · 35회

TEPS

NEW TEPS 입문편 실전 250⁺ 청해 · 문법 · 독해

NEW TEPS 기본편 실전 300⁺ 청해 · 문법 · 독해

NEW TEPS 실력편 실전 400⁺ 청해 · 문법 · 독해

NEW TEPS 마스터편 실전 500⁺ 청해 · 문법 · 독해

새 교과서 반영 공감 시리즈

Grammar 공감 시리즈
▶ 2,000여 개 이상의 충분한 문제 풀이를 통한 문법 감각 향상
▶ 서술형 평가 코너 수록 및 서술형 대비 워크북 제공

Reading 공감 시리즈
▶ 어휘, 문장 쓰기 실력을 향상시킬 수 있는 서술형 대비 워크북 제공
▶ 창의, 나눔, 사회, 문화, 건강, 과학, 심리, 음식, 직업 등의 다양한 주제

Listening 공감 시리즈
▶ 최근 5년간 시 · 도 교육청 듣기능력평가 출제 경향 완벽 분석 반영
▶ 실전모의고사 20회 + 기출모의고사 2회로 구성된 총 22회 영어듣기 모의고사

• Listening, Reading – 무료 MP3 파일 다운로드 제공